बीमारी से बचने और इन्हें नियंत्रित करने के लिए खाएँ

कुकबुक

स्वस्थ रहने के लिए 70+ स्वादिष्ट भारतीय शाकाहारी व्यंजन, डायबिटीज़, हाई ब्लड प्रेशर और आर्थराइटिस के लिए विशेष व्यंजनों के साथ

AF834194

ला फॉनसिएर

Eb
emerald books

Eb
emerald books

Copyright © La Fonceur 2025
All Rights Reserved.

This book has been published with all efforts taken to make the material error-free after the consent of the author. However, the author and the publisher do not assume and hereby disclaim any liability to any party for any loss, damage, or disruption caused by errors or omissions, whether such errors or omissions result from negligence, accident, or any other cause.

While every effort has been made to avoid any mistake or omission, this publication is being sold on the condition and understanding that neither the author nor the publishers or printers would be liable in any manner to any person by reason of any mistake or omission in this publication or for any action taken or omitted to be taken or advice rendered or accepted on the basis of this work. For any defect in printing or binding the publishers will be liable only to replace the defective copy by another copy of this work then available.

ला फॉनसिएर की अन्य किताबें

बीमारी से बचने और इन्हें नियंत्रित करने के लिए खाएँ

क्या आप जानते हैं कि आपकी दवाएँ आपको बीमार कर सकती हैं? यह किताब बताती है कि आप दवाओं पर अपनी निर्भरता कैसे कम कर सकते हैं। जानें कि दवाओं के समान तंत्र के साथ काम करने वाले खाद्य पदार्थ प्राकृतिक रूप से मधुमेह, उच्च रक्तचाप और गठिया जैसी पुरानी बीमारियों को कैसे रोक सकते हैं और इन्हें नियंत्रित कर सकते हैं।

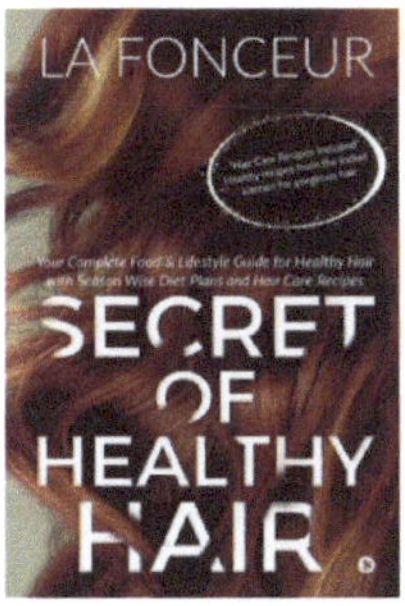

स्वस्थ बालों का राज़

यदि आप अपने बालों की समस्याओं का स्थायी समाधान ढूंढ रहे हैं, तो स्वस्थ बालों का राज़ आपके लिए है! मौसम के अनुसार आहार योजनाओं और बालों की देखभाल के लिए व्यंजनों के साथ स्वस्थ बालों के लिए आपका संपूर्ण भोजन और जीवनशैली गाइड।

ईट सो व्हॉट! शाकाहार की शक्ति

ईट सो व्हाट! शाकाहार की शक्ति के साथ अपने भोजन को वैज्ञानिक ढंग से समझें। जानें कि बिना किसी मानव निर्मित अनुपूरक के प्राकृतिक रूप से शाकाहारी भोजन से आप एनीमिया, विटामिन बी12 और प्रोटीन की कमी को कैसे रोक सकते हैं।

ईट सो व्हॉट! स्वस्थ रहने के स्मार्ट तरीके

क्या खाएं और क्या न खाएं, इस उलझन में हैं? ईट सो व्हॉट! स्वस्थ रहने के स्मार्ट तरीके से अपनी उलझन दूर करें। यह किताब खाद्य पदार्थों के पोषण मूल्य के बारे में बताती है, क्या खाना चाहिए, इस बारे में दिशा-निर्देश देती है और जीवन को स्वस्थ बनाने के लिए स्मार्ट ट्रिक्स और सुझाव देती है।

प्रिय पाठक,

बीमारी से बचने और इन्हें नियंत्रित करने के लिए खाएँ कुकबुक का उद्देश्य आपको सुपरफूड्स को अपने आहार में इस तरह से शामिल करने में मदद करना है कि वे आपके नियमित आहार का हिस्सा बन जाएँ, और आप उन्हें केवल स्वास्थ्य के लिए नहीं बल्कि स्वाद के लिए खाएँ। यह कुकबुक आपके लिए सुपरफूड्स की स्वादिष्ट रेसिपी लाती है जो पुरानी बीमारियों को रोकने और प्रबंधित करने में आपकी मदद कर सकती है।

फार्मेसी के परास्नातक,

अनुसंधान वैज्ञानिक,

पंजीकृत फार्मासिस्ट

अनुक्रम

परिचय

प्रयोगशाला हो या रसोई, ज्यादा फर्क नहीं है क्यों कि यह तब तक प्रयोग करने के बारे में है जब तक आप सही फॉर्मूलेशन तक नहीं पहुँच जाते!

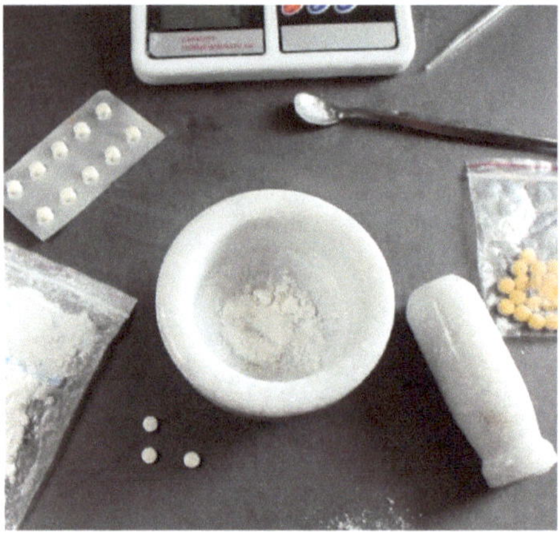

ओखली और मूसल में उत्तम फॉर्मूलेशन बनाने से लेकर

ओखली और मूसल में उत्तम मसाला मिश्रण बनाने तक,

ज्यादा फर्क नहीं है क्यों कि सब सही तकनीक के बारे में है!

दवा बनाने के लिए स्टैण्डर्ड प्रोसीजर का पालन करने से लेकर व्यंजन बनाने के लिए प्रोसीजर का पालन करने तक,

सब उस अनुभव के बारे में है जो अभ्यास से आता है। मूल बातें वही हैं।

भारतीय खाना पकाने की खासियत यह है कि अगर आप एक ही सामग्री और एक ही रेसिपी अलग-अलग लोगों को देंगे तो भी उनके द्वारा बनाए गए भोजन का स्वाद अलग-अलग होगा। इसका कारण भारतीय खाना पकाने में शामिल मसाले हैं। मसालों में वाष्पशील तेल होते हैं जो उन्हें एक विशिष्ट सुगंध और स्वाद देते हैं। सभी मसालों में वाष्पशील तेल होते हैं, और भूनने और पकाने की विधि मसालों को वाष्पशील तेल छोड़ने में मदद करती है। निकलने वाले वाष्पशील तेल की मात्रा भोजन के स्वाद को बढ़ा या घटा सकती है। आप जिस तरह से खाना बनाते हैं, खाना पकाने का समय, यहाँ तक कि आंच का प्रकार, कम, मध्यम या उच्च, ये सभी भोजन के स्वाद को प्रभावित कर सकते हैं। आपको बस सही तकनीक जानने की जरूरत है जो भोजन को सबसे स्वादिष्ट बनाती है। इस कुकबुक में आप अपने भोजन को स्वादिष्ट बनाने की सभी तकनीकें सीखेंगे। एक बार जब आप तकनीकों में महारत हासिल कर लें, फिर आप प्रयोग करना शुरू कर सकते हैं और अपने स्वाद के अनुसार व्यंजनों में कुछ जोड़ और हटा सकते हैं।

सबका स्वाद अलग-अलग होता है। किसी को तीखा खाना पसंद होता है तो किसी को फीका। किसी को ग्रेवी खाना पसंद है, किसी को ड्राई, तो किसी को करी। इस कुकबुक में इन सभी स्वादों का ध्यान रखा गया है। आपको कुकबुक में ग्रेवी, ड्राई और करी जैसे सभी प्रकार के भोजन मिलेंगे और तीखापन मध्यम रखा गया है। आप अपने स्वाद के अनुसार तीखापन कम-ज्यादा कर सकते हैं। इसके अलावा, कुकबुक में स्वास्थ्यवर्धक मिठाइयाँ, स्नैक्स, पेय पदार्थ और चटपटे व्यंजन भी शामिल हैं, जो स्वादिष्ट होने के साथ-साथ पौष्टिक भी हैं।

शुरुआत से बनायें! कोई शॉर्ट कट नहीं

भारतीय खाना पकाने के लिए स्टोर से खरीदी गई बहुत कम वस्तुओं की आवश्यकता होती है, और जिनकी आवश्यकता होती है उन्हें आसानी से घर पर बनाया जा सकता है। आपको यह जानकर आश्चर्य होगा कि स्टोर से खरीदी गई चीजें कितनी आसानी से घर पर बनाई जा सकती हैं। इस कुकबुक में सभी व्यंजन बिल्कुल नए सिरे से बनाए गए हैं। ये सरल और किफायती तरीके आपके स्वास्थ्य पर जबरदस्त सकारात्मक प्रभाव डाल सकते हैं।

बीमारी से बचने और इन्हें नियंत्रित करने के लिए खाएँ कुकबुक की पृष्ठभूमि

बीमारी से बचने और इन्हें नियंत्रित करने के लिए खाएँ कुकबुक, **बीमारी से बचने और इन्हें नियंत्रित करने के लिए खाएँ श्रृंखला** की दूसरी पुस्तक है। हमारे स्वादिष्ट व्यंजनों पर आगे बढ़ने से पहले, यहाँ **बीमारी से बचने और इन्हें नियंत्रित करने के लिए खाएँ पुस्तक** के बारे में एक संक्षिप्त जानकारी दी गई है:

बीमारी से बचने और इन्हें नियंत्रित करने के लिए खाएँ पुस्तक के बारे में

यह पुस्तक दवाओं पर आपकी निर्भरता को कम करने में मदद करती है। यह उन खाद्य पदार्थों की व्याख्या करती है जो आपकी प्रतिरक्षा को बढ़ाते हैं, सुपरफूड जो आपको पुरानी बीमारियों से बचा सकते हैं, ऐसे खाद्य पदार्थ जो आपके शरीर में ऑक्सीडेटिव तनाव और इन्फ्लेमेशन को कम करते हैं, और खाद्य संयोजन जो स्वास्थ्य लाभ को अधिकतम करने में मदद कर सकते हैं।

बीमारी से बचने और इन्हें नियंत्रित करने के लिए खाएँ पुस्तक आपको तीन सबसे आम पुरानी बीमारियों - मधुमेह, उच्च रक्तचाप और गठिया - के बारे में वह सब कुछ बताती है जो आपको जानने की जरूरत है। इन बीमारियों से बचने के लिए आपको किन खाद्य पदार्थों और जीवनशैली विकल्पों से

बचना चाहिए और किन विकल्पों को अपनाना चाहिए। आपकी दवाएँ कैसे काम करती हैं। इन बीमारियों में आपके शरीर में वास्तव में क्या होता है, और इनसे बचने के लिए और इन्हें नियंत्रित करने के लिए आपकी रणनीति क्या होनी चाहिए। कौन से सुपरफूड आपकी दवा की क्रियाविधि की नकल करते हैं और आपके रक्तचाप और शर्करा के स्तर को कम करने में मदद करते हैं? गठिया होने से बचने और इससे छुटकारा पाने के लिए आपको किन प्रमुख बातों का पालन करना चाहिए?

यह कुकबुक आपको अपने आहार में सुपरफूड्स को शामिल करने के स्वादिष्ट तरीके प्रदान करती है जिनकी चर्चा **बीमारी से बचने और इन्हें नियंत्रित करने के लिए खाएँ** में की गई है।

यह कुकबुक पूरी तरह से सुपरफूड्स पर आधारित है। इस कुकबुक की प्रत्येक रेसिपी में एक या अधिक सुपरफूड शामिल हैं। **बीमारी से बचने और इन्हें नियंत्रित करने के लिए खाएँ** पुस्तक में आपने उन शक्तिशाली सुपरफूड्स के बारे में जाना जिन्हें आपको हर दिन खाना चाहिए। लेकिन इन्हें अपने आहार में शामिल करना उबाऊ नहीं होना चाहिए। सिर्फ सेहत के लिए आपको इन्हें जबरदस्ती खाने की जरूरत नहीं है। यह कुकबुक आपके लिए सुपरफूड्स की कई स्वादिष्ट और मुंह में पानी ला देने वाली रेसिपी लेकर आई है, जिन्हें आप कभी भी, किसी भी दिन खा सकते हैं। ये व्यंजन आपके स्वाद को संतुष्ट करने के साथ-साथ आपकी रोग प्रतिरोधक क्षमता को भी मजबूत करेंगे और अपने चिकित्सीय प्रभाव से आपको पुरानी बीमारियों से बचाएंगे।

बीमारी से बचने और इन्हें नियंत्रित करने के लिए खाएँ कुकबुक को 7 भागों में विभाजित किया गया है, प्रत्येक में सुपरफूड व्यंजनों के अलग-अलग सेट हैं। आप जानेंगे कि कैसे आप स्वादिष्ट खाद्य पदार्थों से अपनी रोग प्रतिरोधक क्षमता बढ़ा सकते हैं।

कुछ खाद्य पदार्थ अन्य खाद्य पदार्थों के साथ मिलाने पर अधिक पौष्टिक हो जाते हैं क्योंकि वे रक्तप्रवाह में पोषक तत्वों के अवशोषण को बढ़ाते हैं, जिससे आपको अधिकतम स्वास्थ्य लाभ मिलते हैं। यह कुकबुक आदर्श पोषक तत्वों के संयोजन के लिए कई आकर्षक व्यंजन प्रदान करती है ताकि आप उनसे अधिकतम स्वास्थ्य लाभ प्राप्त कर सकें।

इस कुकबुक में मधुमेह, उच्च रक्तचाप और गठिया के लिए समर्पित व्यंजन हैं। आप सीखेंगे कि अपने आहार में ऐसे सुपरफूड कैसे शामिल करें जो आपकी दवाओं की तरह ही काम करते हैं और प्राकृतिक रूप से इन बीमारियों को रोकते और नियंत्रित करते हैं ताकि आप अपनी दवाओं की खुराक के साथ-साथ उनसे जुड़े दुष्प्रभावों को भी कम कर सकें। इस तरह, आपका शरीर सामान्य से अधिक तेजी से ठीक होता है। एक स्वस्थ कल के लिए तैयार हो जाइए!

1

बीमारी से बचने और इन्हें नियंत्रित करने के लिए खाएँ कुकबुक का उपयोग कैसे करें

इस कुकबुक की विशेषता है

- ✓ शुद्ध शाकाहारी व्यंजन।
- ✓ व्यंजनों में एकल या एकाधिक सुपरफूड की उपस्थिति।
- ✓ जहाँ भी संभव हो प्राकृतिक मिठास।
- ✓ नमक के स्वास्थ्यप्रद संस्करण जैसे हिमालयन गुलाबी सेंधा नमक, काला नमक, काला नमक मिश्रण, और खनिज युक्त नमक मिश्रण।
- ✓ उन्नत साबुत अनाज मिश्रित आटा।
- ✓ कोल्ड-प्रेस्ड कुकिंग ऑयल।

इस कुकबुक के लिए आवश्यक कुकवेयर/उपकरण/सहायक उपकरण:

- प्रेशर कुकर
- हैंड ब्लेंडर
- तवा
- मलमल का कपड़ा
- स्टीमर
- ओवन
- स्टेनलेस स्टील कढ़ाई/पैन
- ओखली और मूसल

यह कुकबुक निम्नलिखित सामग्री/खाना पकाने की विधि/खाद्य संयोजनों का उपयोग नहीं करती है:

- X डिब्बाबंद खाद्य पदार्थ जैसे डिब्बाबंद छोले
- X रिफाइंड तेल
- X डीप फ्राई करना
- X नमक और दूध का संयोजन
- X प्रोसेस्ड गेहूँ का आटा
- X रिफाइंड सफेद चीनी
- X नियमित नमक
- X शहद को गर्म नहीं करना

भाप में कैसे पकाएँ?

आपको सब्जियों और अन्य खाद्य पदार्थों को भाप में पकाने के लिए स्टीमर की आवश्यकता नहीं है। आप किसी बड़े कुकर या बर्तन में भाप में पका सकते हैं। इसके लिए आपको एक स्टेनलेस स्टील की स्टीमर प्लेट या छलनी या कोई छिद्रित प्लेट या कटोरा चाहिए जो कुकर या बर्तन में फिट हो सके। ध्यान रखें कि इसे पानी से 2 से 3 इंच ऊपर रखना है । आप छिद्रित प्लेट या कटोरे को पानी के ऊपर रखने के लिए स्टेनलेस स्टील के पॉट स्टैंड का उपयोग कर सकते हैं।

इस कुकबुक में प्रयुक्त प्रेशर कुकर का प्रकार:

यह कुकबुक प्रेशर रेगुलेटर वेट वाल्व/सीटी के साथ नियमित प्रेशर कुकर का उपयोग करती है।

प्रेशर कुकर का उपयोग करने के लाभ:

- ✓ खाना जल्दी बनता है। समय की बहुत बचत होती है।
- ✓ खाद्य पदार्थों में अधिक पोषण रहता है क्योंकि भाप अंदर ही रहती है और बाहर नहीं निकलती है।
- ✓ किचन कम गन्दा होता है।
- ✓ इसका उपयोग स्टीमर के रूप में किया जा सकता है।

प्रेशर कुकर का विकल्प: आप ढक्कन से ढके पैन में खाना पका सकते हैं, लेकिन इसमें प्रेशर कुकर की तुलना में अधिक समय लगता है।

कुकबुक में प्रयुक्त स्वस्थ विकल्प

सफ़ेद चीनी के विकल्प

गुड़, शहद, सूखे मेवे और ब्राउन शुगर।

इस कुकबुक में सफेद चीनी का उपयोग नहीं किया गया है क्योंकि यह सिर्फ कैलोरी प्रदान करती है और इसका कोई पोषण मूल्य नहीं है। बीमारी को रोकने और नियंत्रित करने के लिए खाएँ कुकबुक में चीनी के विकल्प के रूप में गुड़ का उपयोग किया गया है क्योंकि यह बिना किसी मिलावट के चीनी का सबसे शुद्ध रूप है और इसके कई स्वास्थ्य लाभ हैं। इसे गन्ने से लोहे के बर्तन में बनाया जाता है, जिसके कारण यह आयरन का बहुत अच्छा स्रोत होता है। यदि गुड़ उपलब्ध नहीं है, तो आप इसकी जगह ब्राउन शुगर का उपयोग कर सकते हैं। अन्यथा, सबसे प्रामाणिक स्वाद के लिए रेसिपी में निर्दिष्ट स्वीटनर के प्रकार का उपयोग करें।

गुड़, शहद, सूखे मेवे और ब्राउन शुगर सफेद चीनी के स्वस्थ विकल्प हैं। वे पौष्टिक भी हैं और मीठे भी हैं। अधिकतम स्वास्थ्य लाभ प्राप्त करने के लिए इनका सीमित मात्रा में सेवन करें।

कुकबुक में प्रयुक्त नमक के प्रकार

हिमालय गुलाबी सेंधा नमक, काला नमक, काला नमक मिश्रण, और खनिज युक्त नमक मिश्रण।

खिनज युक्त नमक मिश्रण: अपने नियमित नमक को उन्नत करने के लिए, हिमालयन गुलाबी सेंधा नमक को अपने नियमित नमक के साथ 1:1 के अनुपात में मिलाएँ। बेहतर स्वास्थ्य के लिए इस खनिज युक्त नमक का उपयोग करें। नियमित नमक में केवल सोडियम होता है, जबकि हिमालयन सेंधा नमक असंसाधित होता है और इसमें आयरन, मैग्नीशियम, कैल्शियम और अन्य खनिजों के अंश होते हैं।

इस कुकबुक के सभी व्यंजनों में खनिज-युक्त नमक मिश्रण का उपयोग किया गया है। जहाँ भी नमक का उल लेख होता है, उसका तात पयर खिनज-युक्त नमक मिश्रण से है।

रसोई की किताब में प्रयुक्त फैट के प्रकार

सरसों का तेल, एक्स्ट्रा वर्जिन जैतून का तेल (ओलिव ऑयल) , तिल का तेल, गाय का घी, और मेवे।

सरसों का तेल

क्या इस पर प्रतिबंध है?

सरसों का तेल दुनिया के कई हिस्सों में मुख्य खाना पकाने के तेलों में से एक है, जिसमें भारत (विशेष रूप से उत्तर भारत और पश्चिम बंगाल), नेपाल और बांग्लादेश शामिल हैं, लेकिन यह यहीं तक सीमित नहीं है। यहाँ हजारों वर्षों से खाना पकाने के लिए सरसों के तेल का उपयोग किया जाता रहा है, लेकिन संयुक्त राज्य अमेरिका, यूरोपीय संघ और कनाडा में खाद्य प्रयोजनों के लिए इस पर प्रतिबंध है। इन देशों में व्यावसायिक रूप से उपलब्ध सभी सरसों के तेल पर "के वल बाहरी उपयोग के लिए" का लेबल लगा होता है।"

प्रतिबंध का कारण सरसों के तेल में इरुसिक एसिड की मौजूदगी है। पशु अध्ययनों से पता चलता है कि इरुसिक एसिड का अधिक सेवन हृदय रोगों से जुड़ा है। हालाँकि, यह एसोसिएशन मनुष्यों के लिए स्थापित नहीं किया गया है क्योंकि सभी अध्ययन प्रयोगशाला जानवरों पर किए गए हैं, और मनुष्यों पर कोई वास्तविक शोध नहीं किया गया है। अब तक, मनुष्यों में इरुसिक एसिड के संपर्क से किसी हानिकारक प्रभाव का कोई मामला सामने नहीं आया है।

भारतीय खाना पकाने में, सरसों के तेल का उपयोग खाना पकाने के साथ-साथ ड्रेसिंग के लिए भी किया जाता है। खाना पकाने के लिए सरसों के तेल का उपयोग करते समय, अधिकतम स्वास्थ्य लाभ प्राप्त करने के लिए रिफाइंड के बजाय हमेशा कोल्ड-प्रेस्ड सरसों का तेल चुनें।

सरसों के तेल का विकल्प

खाना पकाने के लिए: कैनोला तेल (लेकिन यह रिफाइंड तेल है, कोल्ड-प्रेस्ड तेल नहीं)।

ड्रेसिंग के लिए: तिल का तेल या कोई अन्य कोल्ड-प्रेस्ड तेल।

एक्स्ट्रा वर्जिन जैतून का तेल

एक्स्ट्रा वर्जिन जैतून का तेल को पकाना चाहिए है या नहीं पकाना चाहिए?

यदि आप तेल को इसमें से धुएँ आने तक से अधिक पकाते हैं, तो यह ख़राब हो जाता है, और इसकी रासायनिक संरचना बदल जाती है। इससे हानिकारक रसायन निकलते हैं जो भोजन में समा जाते हैं। यह एक मिथक है कि एक्स्ट्रा वर्जिन जैतून का तेल का उपयोग केवल ड्रेसिंग में किया जा सकता है, खाना पकाने में नहीं। एक्स्ट्रा बर्जिन जैतून का तेल का धुआं बिंदु 207 °C है। ऐसा माना जाता था कि एक्स्ट्रा वर्जिन जैतून का तेल को इसके कम धूम्रपान बिंदु (207°C) के कारण पकाने पर ऑक्सीकृत हो जाता है, लेकिन शोध अध्ययनों ने इसे गलत साबित कर दिया है। प्रतिदिन खाना पकाने का तापमान 207°C तक नहीं पहुँचता। एक्स्ट्रा वर्जिन जैतून का तेल तलने को छोड़कर सभी प्रकार के खाना पकाने के लिए सुरक्षित है।एक्स्ट्रा वर्जिन जैतून का तेल को डीप फ्राई के लिए प्रयोग नहीं करना चाहिए।

कुकबुक में प्रयुक्त आटे के प्रकार

जौ के साथ मिश्रित साबुत गेहूँ का आटा, जई के दानों से बना जई का आटा (ओट्स फ्लौर), चौलाई का आटा (अमरंथ फ्लौर), बेसन और सूजी।

साबुत गेहूँ जौ मिश्रित आटा

इस कुकबुक में सभी व्यंजनों में जौ के आटे के साथ मिश्रित साबुत गेहूँ के आटे का उपयोग किया गया है। जहाँ भी साबुत गेहूँ के आटे का उल्लेख किया गया है, उसका तात्पर्य जौ के आटे के साथ मिश्रित साबुत गेहूँ के आटे से है।

जौ क्यों?

जौ घुलनशील फाइबर और मैग्नीशियम, तांबा, सेलेनियम और क्रोमियम जैसे एंटीऑक्सीडेंट खनिजों का एक उत्कृष्ट स्रोत है। जौ में मौजूद कार्बोहाइड्रेट रक्त शर्करा के स्तर को तेजी से बढ़ाए बिना, धीरे-धीरे ग्लूकोज में परिवर्तित होते हैं। यह एक हार्मोन को बढ़ाता है जो पुरानी निम्न-श्रेणी के इन्फ्लेमेंशन को कम करने में मदद करता है, इस प्रकार कई पुरानी बीमारियों से बचाता है क्योंकि इन्फ्लेमेंशन कैंसर, मधुमेह, गठिया और कई अन्य पुरानी बीमारियों का प्रमुख कारण है। अगर आप डायबिटीज से बचना चाहते हैं तो नियमित रूप से जौ खाना शुरू कर दें।

साबुत गेहूँ जौ मिश्रित आटा बनाने के लिए: जौ के आटे को साबुत गेहूँ के आटे में 1:7 के अनुपात में मिलाएँ। 700 ग्राम गेहूँ के आटे में 100 ग्राम जौ का आटा डालकर अच्छी तरह मिला लें। नियमित गेहूँ के आटे के स्थान पर इस उन्नत गेहूँ के आटे का उपयोग करें।

जई का आटा (ओट्स फ्लौर)

इस कुकबुक में सभी व्यंजनों में जई से बने जई के आटे (ओट्स का आटा) का उपयोग किया जाता है। जहाँ भी जई के आटे का उल्लेख किया गया है, इसका तात्पर्य जई के दानों से बने जई के आटे से है जब तक कि अन्यथा निर्दिष्ट न किया गया हो।

ओट्स ग्रोट्स ओट्स का सबसे शुद्ध रूप है। यह साबुत गेहूँ के समान दिखता है लेकिन आकार में थोड़ा पतला होता है। ये सबसे कम प्रसंस्कृत और उच्चतम पोषण मूल्य वाले होते हैं। ओट्स का सबसे आम प्रकार रोल्ड ओट्स है, जिसमें सबसे कम पोषण होता है क्योंकि यह किस्म सबसे अधिक संसाधित होती है, और प्रसंस्करण के दौरान अधिकांश पोषण नष्ट हो जाता है। इन्हें पचाना आसान होता है और कभी-कभी प्रसंस्करण के दौरान खो जाने वाले आवश्यक विटामिन और खनिजों को मैन्युअल रूप से डाला जाता है, लेकिन ये ओट्स ग्रोट्स की सामान स्वस्थ और प्राकृतिक नहीं होते हैं।

ओट्स ग्रोट्स सबसे अधिक पौष्टिक होते हैं और इनका थोड़ा सा सेवन भी आपको आवश्यक पोषक तत्व प्रदान करने के लिए पर्याप्त है। लेकिन ये पचने में भारी होते हैं इसलिए अगर आप ज्यादा खाएँगे तो पेट में भारीपन महसूस होगा। इसलिए इन्हें एक बार में बहुत ज्यादा न खाएँ। इस कुकबुक के व्यंजनों में आसान पाचन और पोषण संबंधी आवश्यकताओं को पूरा करने के लिए जई की पर्याप्त मात्रा का ध्यान रखा गया है।

यदि आप ओट्स ग्रोट्स खरीदते हैं, तो एक बार खोलने के बाद, उन्हें तीन महीने के भीतर खा लें नहीं तो वो ख़राब हो जाते हैं। जई का आटा बनाने के लिए जई को पीसने के लिए, आपको एक उच्च शक्ति वाली मिक्सर ग्राइंडर (750 डब्ल्यू से ऊपर) की आवश्यकता होती है। कम पावर वाले मिक्सर ग्राइंडर से आटा मोटा बनेगा। जई के आटे को आप एक महीने तक स्टोर करके रख सकते हैं।

वेगन विकल्पों के लिए: इस कुकबुक में कुछ व्यंजन वेगन हैं, लेकिन अधिकांश शाकाहारी हैं। आप दूध और शहद को क्रमशः पौधे पर आधारित दूध और मिठास से बदल सकते हैं।

ग्लूटेन-फ्री विकल्पों के लिए: गेहूँ, जौ और सूजी की जगह किसी भी ग्लूटेन-फ्री आटे का उपयोग करें। परिणाम पकवान के समग्र स्वाद को प्रभावित किए बिना समान ही होगा।

संयम ही स्वास्थ्य की कुंजी है। भले ही आप चीनी, नमक या फैट के स्वस्थ विकल्पों का उपयोग कर रहे हों, फिर भी इनका बहुत अधिक सेवन आपके स्वास्थ्य पर नकारात्मक प्रभाव डाल सकता है। ये स्वस्थ विकल्प हैं लेकिन इनका अधिक मात्रा में सेवन उनके अच्छे प्रभावों को ख़त्म कर देगा। इसलिए इनका सेवन सीमित मात्रा में करें।

रूपांतरण

°C से फ़ारेनहाइट
160 °C = 320 °F
180 °C = 356 °F
200 °C = 392 °F
220 °C = 428 °F

मीट्रिक रूपांतरण
1000 ग्राम = 1 किलोग्राम
1 किलोग्राम = 2.2 पाउंड
1000 मिलीलीटर= 1 लीटर
28.34 ग्राम = 1 औंस

कप का आकार अलग-अलग देशों में अलग-अलग होता है। इसलिए, इसे आसान बनाने के लिए, सभी माप मीट्रिक में दिए गए हैं। सामान्य तौर पर, इस कुकबुक में, 50 ग्राम एक चौथाई कप के बराबर है, 100 ग्राम आधा कप के बराबर है, और 200 ग्राम 1 कप के बराबर है।

भले ही कप का आकार अलग-अलग देशों में अलग-अलग हो, लेकिन चम्मच और बड़े चम्मच का आकार हर जगह समान होता है। जहाँ मात्रा कम है, इस कुकबुक में व्यंजनों में मात्रा निर्दिष्ट करने के लिए चम्मच और बड़े चम्मच का उपयोग किया जाता है।

1 tsp: 5 ग्राम | 1 tbsp: 10 ग्राम

मसाला और मिश्रित दाल फ्राई जैसे कुछ व्यंजनों में, सामग्री को एक विशिष्ट अनुपात में मिश्रित किया जाना चाहिए। इन व्यंजनों में सटीक अनुपात प्रदान करने के लिए मात्राएँ बड़े चम्मच में दी गई हैं, मीट्रिक में नहीं।

सामान्य तौर पर, एक बड़ा चम्मच 10 ग्राम के बराबर होता है, लेकिन वास्तविक मात्रा सामग्री के अनुसार भिन्न होती है। उदाहरण के लिए, एक चम्मच धनिये के बीज में 10 ग्राम से भी कम मात्रा होती है। गरम मसाला और पंच फोरन जैसे व्यंजनों में, जहाँ मात्रा चम्मच या बड़े चम्मच में निर्दिष्ट है, उन्हें उनके वास्तविक वजन पर विचार करके निर्दिष्ट किया गया है।

भारतीय कुकिंग

बीमारी को बचने और इन्हें नियंत्रित करने के लिए खाएँ कुकबुक के व्यंजन पकाने में आसान और कम समय लेने वाले हैं, आप उन्हें हर दिन पका सकते हैं। हालाँकि, कुछ व्यंजनों को तैयार होने में कुछ समय लग सकता है। आप इन्हें सप्ताहांत में पका सकते हैं जब आपके पास खाना पकाने में निवेश करने के लिए थोड़ा अतिरिक्त समय हो। जो व्यंजन भारी होते हैं और शाम तक आपका पेट भरा रखते हैं, उन्हें रसोई की किताब में सप्ताहांत विशेष के रूप में चिह्नित किया गया है।

आइए भारतीय पाक कला के बारे में थोड़ा और समझें:

भारतीय सब्जी के प्रकार

सूखी सब्ज़ी: सूखी सब्ज़ी को भुजिया सब्ज़ी कहा जाता है, जिसे मैं कोर्स में दूसरे सब्ज़ी विकल्प के रूप में परोसा जाता है।

ग्रेवी: ग्रेवी वाली सब्ज़ियां अधिक स्वादिष्ट और अक्सर मलाईदार होती हैं। इस प्रकार की सब्ज़ियाँ गाढ़ी होती हैं और इनमें काजू, खरबूजे के बीज और मूंगफली और अन्य मेवे के फैट होते हैं। ग्रेवी वाली सब्ज़ियां कच्चे प्याज के साथ खाने पर ज्यादा स्वादिष्ट लगती हैं। यही कारण है कि उन्हें हमेशा कच्चे प्याज और नींबू के साथ परोसा जाता है। इस प्रकार की सब्ज़ी विशेष अवसरों पर परोसी जाती है, जैसे जब आपके घर मेहमान आए हों या जब आप अपने रविवार को विशेष बनाना चाहते हों।

करी: करी को रसेदार सब्जी कहा जाता है, जो ग्रेवी से पतली होती है और इसमें रस भी ज्यादा होता है यानी इसमें पानी भी ज्यादा होता है। ये मेन कोर्स में परोसी जाने वाली सब्ज़ी के सबसे आम प्रकार हैं। यह फैट ये युक्त भी हो सकता है और नहीं भी। किसी विशेष अवसर पर इसे और स्वादिष्ट बनाने के लिए, इसमें आमतौर पर घी या मक्खन की उच्च मात्रा होती है। इस कुकबुक में, आपको करी-प्रकार की सब्ज़ियाँ मिलेंगी जिनमें उच्च वसा की आवश्यकता नहीं होती है और इन्हें किसी भी दिन अपराध-मुक्त होकर खाया जा सकता है।

बेहतर स्वाद केलिए खाना पकाने का सही तरीका

ग्रेवी पकाने का सही तरीका

ग्रेवी बनाते समय खाना पकाने का समय बहुत महत्वपूर्ण है। ग्रेवी में प्याज-अदरक-लहसुन के मिश्रण को इतना पकाना है कि प्याज का सारा कच्चापन निकल जाए। मेवों को तब तक पकाना चाहिए जब तक कि ग्रेवी तेल न छोड़ दे। धीमी या मध्यम-धीमी आंच पर पकाएँ। अगर आप तेज आंच या मध्यम आंच पर पकाएँगे तो मिश्रण जल्दी सूख जाएगा और ग्रेवी तेल नहीं छोड़ेगी। अगर ग्रेवी अच्छे से नहीं पकी होगी तो ग्रेवी का स्वाद फीका और असंतुलित हो जाएगा।

करी/रसेदार सब्जी पकाने का सही तरीका

करी/रसेदार सब्जी को पकाना सबसे आसान होता है और इनमें अक्सर नट्स का फैट नहीं होता है। इसमें मसालों को धीमी आंच पर लंबे समय तक अच्छे से पकाना चाहिए। जब प्याज और टमाटर पक जाएँ तो इसमें मसाला डालें और धीमी आंच पर काफी देर तक पकाएँ, इससे स्वाद विकसित करने में मदद मिलती है। जब मसाला अच्छे से पक जाए तो इसमें पानी और सब्जियां डालकर उबाल लें और धीमी आंच पर 10 मिनट तक पकाएँ।

नट्स/ओट्स को भूनने का सही तरीका

धीमी आंच पर लगातार चलाते हुए सूखा भून लें। मेवों/ओट्स को तब तक भूनना चाहिए जब तक उनका रंग थोड़ा सा बदल न जाए, न की तब तक जब तक कि वे भूरे न हो जाएँ या जलने न लगें। आंच बंद कर दें और इन्हें 5 मिनट के लिए पैन में ही छोड़ दें। गरम तवे में आंच बंद करने के बाद भी ये पकते रहते हैं।

साबुत मसाले भूनने का सही तरीका

साबुत मसालों को धीमी आंच पर लगातार चलाते हुए तब तक भूनिये जब तक कि मसालों से खुशबू न आने लगे।

स्वाद बढ़ाने और अधिकतम स्वास्थ्य लाभ पानेँ के लिए युक्तियाँ:

• स्वाद बढ़ाने और अधिकतम स्वास्थ्य लाभ पानेँ के लिए युक्तियाँ:

• सूखे मेवों का स्वाद बढ़ाने के लिए उन्हें भून लें। यदि आप सूखे मेवों को घी में भूनते हैं, तो यह एक उत्कीर्ण स्वाद देता है, भले ही आप आधा या एक ही चम्मच घी का उपयोग कर रहें हो। हालाँकि भूनने के लिए घर के बने घी का ही उपयोग करना महत्वपूर्ण है क्योंकि वे दुकान से खरीदे गए घी की तुलना में शुद्ध और स्वाद में समृद्ध होते हैं।

• फलियां जैसे राजमा छोले के फाइटिक एसिड की मात्रा को कम करने के लिए इन्हें रात भर भिगोएँ। फाइटिक एसिड एक एंटी-न्यूट्रिएंट है जो शरीर में पोषक तत्वों को अवशोषित (अब्सॉर्ब) होने से रोकता है। फलियां भर पानी में भिगोने से आपके शरीर को फलियों से अधिक पोषक तत्व अवशोषित करने में मदद मिलती है।

• फलियों के सेवन से गैस और पेट फूलने की समस्या हो सकती है। ऐसी समस्याओं से बचने के लिए फलियों को इस्तेमाल करने से पहले अच्छी तरह उबाल लें। इसके अलावा, पकाते समय लगभग १/२

से ¾ छोटा चम्मच हींग डालें। यह फलियों के कारण होने वाली गैस और पेट फूलने की समस्या को रोकने में मदद करता है।

• यदि आप साबुत मसालों का उपयोग कर रहे हैं तो बेहतर स्वाद के लिए उन्हें डालने से पहले भून लें। इससे उनका स्वाद बढ़ जाएगा।

• पकाने से पहले चावल को पंद्रह मिनट तक पानी में भिगोएं। इससे खाना पकाने का समय कम हो जाता है और अनाज में फाइटिक एसिड की मात्रा कम हो जाती है।

• समान रूप से पकाने के लिए ओवन को पहले से गरम (प्री -हीट) कर लें। यह खाना पकाने का समय भी कम कर देता है।

कीप हैंडी!

भारतीय खाना पकाने के लिए, निम्नलिखित मसालें हमेशा अपने साथ तैयार रखें:

कश्मीरी लाल मिचर पाउडर का रंग गहरा लाल होता है और यह कम तीखा होता है। इससे न सिर्फ खाने को चमकीला लाल रंग मिलता है बल्कि खाना कम तीखा भी रहता है।

मेथी दाना पाउडर: मेथी दाने को तब तक सूखा भूनिये जब तक उनका रंग न बदलने लगे। इन्हें ठंडा करके दरदरा पीस

धनिया पाउडर: साबुत धनिये के दानों को हल्का सा रंग बदलने तक सूखा भून लीजिये। इन्हें ठंडा होने दें। बारीक पीसकर पाउडर बना लें।

जीरा पाउडर: जीरे को हल्का सा रंग बदलने तक सूखा भून लीजिये। इन्हें ठंडा करके बारीक पीस लीजिए।

धनिया-जीरा पाउडर: अधिक आसानी के लिए, धनिया पाउडर और जीरा पाउडर को 2:1 के अनुपात में मिलाएँ। 100 ग्राम धनिया पाउडर में 50 ग्राम जीरा पाउडर मिलाएँ और धनिया पाउडर की जगह इस मिश्रण का इस्तेमाल करें।

अमचूर पाउडर: अमचूर पाउडर सूखे कच्चे आम को बारीक पीसकर बनाया जाता है।

गरम मसाला: यह भारतीय खाना पकाने में सबसे अधिक इस्तेमाल किया जाने वाला मसाला है। अगले अध्याय में इसकी रेसिपी जानें।

2 सब कुछ घर पर ही

भारतीय व्यंजन तैयार करने के लिए स्टोर से खरीदी गई बहुत कम वस्तुओं की आवश्यकता होती है। लगभग हर चीज़ घर पर बनाई जा सकती है। जैसे घी, दही और कई तरह के मसाले बाजार में आसानी से मिल जाते हैं, लेकिन इन्हें घर पर भी आसानी से बनाया जा सकता है।यह एक आसान और लागत प्रभावी तरीका है, और एक बार जब आप तकनीक को जान लेते हैं, तो आपको अधिक विशेषज्ञता की आवश्यकता नहीं होती है।

इस कुकबुक के मुख्य व्यंजन तैयार करने के लिए आवश्यक ऐड-ऑन व्यंजन यहाँ दिए गए हैं। इन्हें या तो भोजन के साथ परोसा जाता है या भोजन का स्वाद बढ़ाने के लिए उपयोग किया जाता है।

काला नमक मिक्स

440 ग्राम बनाने के लिए
तैयारी का समय: 20 मिनट

सामग्री

काला नमक	200 g
भुना जीरा	50 g
काली मिर्च	25 g
लौंग	10
सेंधा नमक	100 g
भुना अजवायन	50 g
हींग	5 g
हरी इलायची	5

विधि

1. अजवायन और जीरे को भून लें।
2. अगर आप साबुत खड़ा काला नमक और सेंधा नमक इस्तेमाल कर रहे हैं तो इन्हें मूसल की सहायता से ताड़ लें।
3. जीरा, अजवायन, काली मिर्च, लौंग, इलायची और हींग को एक साथ पीस लें।
4. काला नमक और सेंधा नमक डालकर फिर से बारीक पीस लें।
5. काला नमक मिक्स को एक छोटे से नमक के स्प्रिंकलर में भर कर इस्तेमाल करें।
6. काला नमक मिक्स को एयरटाइट कंटेनर में दो महीने तक स्टोर कर सकते हैं। इसे ताज़ा रखने के लिए ढक्कन को बार-बार न खोलें।

मसाला

मसाले भारतीय भोजन का एक अभिन्न अंग हैं। मसालों के औषधीय और उपचारात्मक प्रभाव होते हैं। वे शरीर के सामान्य कामकाज को बनाए रखने में मदद करते हैं। अलग-अलग मसालों का शरीर पर अलग-अलग प्रभाव पड़ता है, जैसे कि धनिया और सौंफ पाचन के लिए अच्छे होते हैं और इलायची शरीर से विषाक्त पदार्थों को बाहर निकालने में मदद करती है। मसालों में फ्लेवोनॉयड्स के रूप में एंटीऑक्सीडेंट होते हैं जो हृदय रोग, डायबिटीज़ और कैंसर जैसी पुरानी बीमारियों को रोकने में मदद करते हैं।

मसाले प्रकृति में गर्म होते हैं और शरीर में गर्मी पैदा करते हैं। सर्दियों में इनका अधिक मात्रा में सेवन आपको गर्म रखता है, वहीं गर्मियों में मसालों का सेवन मध्यम मात्रा में करना चाहिए। भारतीय खाना पकाने में इस्तेमाल होने वाले सबसे आम मसाले गरम मसाला, छोले मसाला और पंच फोडन हैं। ये मसाले बाजार में आसानी से उपलब्ध हैं, लेकिन इन्हें घर पर बनाने से यह सुनिश्चित होता है कि आप ताजा, स्वादिष्ट और शुद्ध मसाला खा रहें हैं जो आपके भोजन को बिजोड़ स्वाद और अधिकतम स्वास्थ्य लाभ देता है।

गरम मसाला

70 ग्राम बनाने के लिए
तैयारी का समय: 15 मिनट
पकाने का समय: 5 मिनट

सामग्री

साबुत धनिया	3 tbsp
जीरा	2 tbsp
काली मिर्च	1 tbsp
सौंफ	1 tbsp
सोंठ	1 इंच
लौंग	8
बड़ी इलायची	2
हरी इलायची	6
जायफल	½
छोटी जावित्री	आधा चूरा
तेज पत्ता	4
दालचीनी	2 इंच
चक्र फूल	1 in
अजवायन	½ tsp
काला जीरा	¼ tsp

विधि

1. सभी सामग्री को धीमी आंच पर 5-7 मिनट के लिए तब तक भूनें जब तक कि आपका किचन सुगंधित मसालों की महक से भर न जाए।
2. गैस बंद कर दीजिए। मसाले को ठंडा होने दीजिये।
3. मसाले को बारीक पीस लीजिये। गरम मसाले को लंबे समय तक ताज़ा रखने के लिए इसे एयरटाइट कंटेनर में भर कर स्टोर करें।

उपयोग: रसेदार से लेकर ग्रेवी तक, कटलेट से लेकर दाल फ्राई तक लगभग सभी तरह के खाने में गरम मसाला का उपयोग होता है।

नोटः ऐसा नहीं है कि यदि इनमें से कोई सामग्री उपलब्ध नहीं है तो आप गरम मसाला नहीं बना सकते हैं। यदि कोई विशेष सामग्री उपलब्ध नहीं है, तो उसे छोड़ दें। इससे स्वाद में थोड़ा बदलाव आएगा लेकिन फिर भी ये बाज़ार से खरीदे हुए गरम मसाले से बेहतर है।

छोले मसाला पाउडर

110 ग्राम बनाने के लिए | तैयारी का समय: 15 मिनट | पकाने का समय: 5 मिनट

सामग्री

खड़ा धनिया	4 tbsp	जीरा	2 tbsp
काली मिर्च	2 tbsp	काला नमक	1½ tbsp
सोंठ	2 इंच	लौंग	10
काली इलायची	2	हरी इलायची	6
जायफल	1 छोटी	सुखी लाल मिर्च	6
तेज पत्ता	4 मध्यम या 3 बड़े	दालचीनी	2 इंच
सूखे मेथी के पत्ते	2 tbsp	सूखे पुदीने के पत्ते	1 tsp
हल्दी पाउडर	1 tbsp	अमचूर पाउडर	1½ tbsp

विधि

1. हल्दी पाउडर, अमचूर पाउडर और काला नमक को एक साथ मिलाएँ।
2. बाकी सभी सामग्री को धीमी आंच पर तब तक भूनें जब तक कि मसालों से सोंधी खुशबू न आन लगे।
3. भुने मसाले को बारीक पीस लीजिये। इसमें हल्दी पाउडर, अमचूर पाउडर और काला नमक मिलाएँ। अच्छी तरह मिक्स करें। एक एयरटाइट कंटेनर में स्टोर करें।

उपयोग: छोले मसाला पाउडर छोले और ब्राउन चना मसाला सब्ज़ी में इस्तेमाल होने वाला मुख्य मसाला है

पंच फोडन

70 ग्राम बनाने के लिए | तैयारी का समय: 10 मिनट | पकाने का समय: 5 मिनट

सामग्री

खड़ा धनिया	4 tbsp	सौंफ	2 tbsp
मेथी दाना	1 tbsp	साबुत सूखी लाल मिर्च	2
कलौंजी	1 tsp	सरसों के दाने	1 tsp

विधि

1. मिर्च के डंठल हटा दें। अगर आप मिर्च को कम तीखा बनाना चाहते हैं तो इसके बीज निकाल दें।
2. राई को छोड़कर सभी सामग्री को तब तक भूनें जब तक कि मसाले से सोंधी खुश्बू न आने लगे।
3. मसाले को ठंडा कर लें। राई डालकर बारीक पीस लें।
4. पंच फोडन को एक एयरटाइट कंटेनर में स्टोर करें।

उपयोग: पंच फोडन का उपयोग भरवाँ सब्जियों जैसे भरवाँ शिमला मिर्च, भरवाँ करेला और भरवाँ परवल में किया जाता है।

दूध के उत्पाद

घर पर घी बनाने का एक ही तरीका नहीं है। घी मलाई (दूध के ऊपर मलाई), मक्खन और दही से बनाया जा सकता है। घी बनाने के लिए गाय के दूध का उपयोग करना आपके स्वास्थ्य को बढ़ावा देने का एक शानदार तरीका है। गाय के दूध के घी का धुआँ बिंदु (स्मोकिंग पॉइंट) उच्च होता है, जिससे यह उच्च तापमान पर खाना पकाने के लिए सुरक्षित हो जाता है, जैसे डीप-फ्राइंग। अपने आहार में घी शामिल करना तब फायदेमंद होता है जब आप फैट के अन्य रूपों को घी से बदलते हैं, न कि तब जब आप घी को फैट के अतिरिक्त स्रोत के रूप में लेते हैं। घी का पूरा पोषण पाने के लिए मक्खन, मार्जरीन की जगह घी का इस्तेमाल करें।

देशी घी

125 मिली बनाने के लिए | तैयारी का समय: 7-10 दिन | पकाने का समय: 45 मिनिट

सामग्री

गाय के दूध की क्रीम	500 ग्राम

विधि

1. 2 लीटर दूध उबालें। आंच बंद कर दें। इसे पूरी तरह से ठंडा होने दें।
2. 4-5 घंटे बाद आपको दूध के ऊपर मलाई की एक मोटी परत दिखाई देगी। इस क्रीम को इकट्ठा करके एक एयरटाइट कंटेनर में फ्रीजर में रख दें।
3. इसे हर दिन तब तक दोहराएं जब तक आप 500 ग्राम क्रीम इकट्ठा न कर लें। इसमें करीब 7 से 10 दिन लगेंगे। दूध की गुणवत्ता और मात्रा के आधार पर दिन अलग-अलग हो सकते हैं। इसे एक एयरटाइट कंटेनर में फ्रीजर में रखें।

4. घी बनाने के लिए इसे फ्रीजर से निकाल लें और 3-4 घंटे के लिए छोड़ दें जब तक यह कमरे के तापमान पर न आ जाए। अब हैंड ब्लेंडर का उपयोग करके क्रीम को ब्लेंड करें ताकि यह चिकनी और एक समान हो जाए।
5. एक पैन लें और उसमें स्मूथ क्रीम डालें। इसे उबाल लें और इसे लगभग आधे घंटे तक उबलने दें जब तक कि पारदर्शी घी अलग न होने लगे।
6. इसे 15 से 20 मिनट तक उबलने दें जब तक कि घी पूरी तरह से अलग न हो जाए और दूध का ठोस पदार्थ भूरा न हो जाए। लगातार हिलाते रहें।
7. आंच बंद कर दें। 15 मिनट के लिए छोड़ दें। घी को छान लें, ठोस भूरा भाग हटा दें और घी को एक कन्टेनर में इकट्ठा कर लें। आवश्यकतानुसार उपयोग करें।

सुझाव: आमतौर पर, क्रीम को तब तक फेंटा जाता है जब तक कि मक्खन और छाछ अलग न हो जाएँ और मक्खन का उपयोग घी बनाने के लिए किया जाता है, लेकिन इसके परिणामस्वरूप पीले रंग का पतला घी बनता है। दानेदार घी बनाने के लिए क्रीम को तब तक मिलाना आवश्यक है जब तक कि यह चिकना और एक समान न हो जाए, न कि तब तक जब मक्खन अलग होने लगे।

कम वसा वाली गाढ़ी दही

750 ग्राम बनाने के लिए | तैयारी का समय: 8 घंटे | पकाने का समय: 10 मिनिट

सामग्री

स्किम्ड गाय का दूध	1 L
दहीं स्टार्टर	1 tsp

विधि

1. दही को चमचे से 2-3 मिनिट तक चलाकर चिकना कर लीजिए।
2. दूध को 10 मिनट तक उबालें। दूध को ठंडा होने दीजिये। एकदम गाढ़ा दही बनाने के लिए दूध को गुनगुना ही रखें, न एकदम ठंडा और न ज्यादा गर्म। गुनगुने दूध में दही डालकर अच्छी तरह मिला लीजिए।
3. ढक्कन से ढककर रात भर गर्म और सूखी जगह पर रखें। इसे और अधिक वसा रहित बनाने के लिए अगले दिन दही के ऊपर से क्रीम की परत हटा दें।
4. अगर आपको उसी दिन दही की जरूरत है, तो ओवन को 160 °C पर 5 से 10 मिनट के लिए प्री-हीट कर लें। ओवन बंद कर दें।ढके हुए दही को गर्म ओवन में 3-4 घंटे के लिए रख दीजिए। आपका लो फैट दही तैयार है। भविष्य के बैचों के लिए एक बड़ा चम्मच दही निकाल लें और बाकी दही आवश्यकतानुसार उपयोग करें।

हंग कर्ड

1. दही को मलमल के कपड़े में डालकर बांध लें। अतिरिक्त पानी निकालने के लिए हल्का निचोड़ें। इसे 5-6 घंटे के लिए नल या किसी अन्य स्थान पर लटका दें।
2. हंग कर्ड को प्याले में निकाल लीजिए। 2 मिनिट तक चम्मच से मिलाइये। आपका क्रीमी हंग कर्ड तैयार है।

सुझाव:

1. दही स्टार्टर और कुछ नहीं बल्कि दही बनाने के पिछले बैच का बचा हुआ दही है। यदि आप पहली बार घर पर दही बना रहे हैं, तो आप किसी डेयरी की दुकान से दही स्टार्टर खरीद सकते हैं, या कोई अन्य दुकान से खरीदा हुआ दही भी काम करेगा। अगले बैच के लिए, दही स्टार्टर के रूप में आपके द्वारा बनाए गए दही का एक चम्मच उपयोग करें।
2. दूध में ज्यादा दही स्टार्टर न डालें। आप जितना अधिक दही स्टार्टर डालेंगे, आपका दही उतना ही खट्टा होगा।

चटनी

चटनी एक डिप है जिसका उपयोग शाम के नाश्ते ये पराठे के साथ किया जाता है, या फिर स्वाद बढ़ाने के लिए किसी डिश में डाला जाता है।

हरी चटनी

250 मिली | तैयारी का समय: 15 मिनिट

सामग्री

धनिया पत्ती	100 g
लहसुन/हरी लहसुन	25 g
अदरक	½ इंच
हरी मिचर	4
अमचूर पाउडर	½ tsp
नमक	स्वादानुसार
पानी	75 ml

विधि

1. नमक को छोड़कर सभी सामग्री को 25 मिली पानी के साथ पीस लें।
2. नमक और बचा हुआ पानी डालें। अच्छी तरह मिलाएँ।
3. 2 सप्ताह तक फ्रिज में एक एयरटाइट कंटेनर में स्टोर करें।

लहसुन की लाल चटनी

60 मिली | तैयारी का समय: 10 मिनिट

सामग्री

लहसुन	15
लाल मिर्च पाउडर	1 tbsp
पानी	50 ml
नमक	स्वादानुसार

विधि

1. नमक छोड़कर सारी सामग्री को एक साथ पीस लें।
2. नमक डालकर 5 दिन तक फ्रिज में स्टोर करें।

खुनुआ

20 ग्राम के लिए | तैयारी का समय: 15 मिनिट

सामग्री

लहसुन	15-20
हरी मिर्च	3
नमक	स्वादानुसार
सरसों का तेल	1 tsp

विधि

1. लहसुन और मिर्च को ओखली और मूसल की सहयता से पीस लें।
2. इसे किसी एयरटाइट कंटेनर में भर लें। नमक और सरसों का तेल डालें और अच्छी तरह मिलाएँ। फ्रीज़ में 5 दिनों तक स्टोर करें।

3 रोग प्रतिरोधक क्षमता बढ़ाने के लिए खाए

जैसा कि हमने बीमारी से बचने और इन्हें नियंत्रित करने के लिए खाएँ पुस्तक में प्रतिरक्षा बढ़ाने वाले सुपरफ़ूड्स को विस्तार से शामिल किया है, अब हम इस कुकबुक में जानेंगे कि आप उन सुपरफ़ूड्स को अपने आहार में कैसे शामिल कर सकते हैं।

यह अध्याय उन खाद्य पदार्थों पर केंद्रित है जो प्रतिरक्षा को बढ़ावा देते हैं और साथ ही उन सुपरफ़ूड्स पर भी ध्यान केंद्रित करते हैं जिनका शरीर पर चिकित्सीय और औषधीय प्रभाव होता है। इस अध्याय के व्यंजन जिन सुपरफ़ूड्स पर आधारित हैं वे हैं:

- हरी चाय।
- जड़ी-बूटियाँ जिनका उपचारात्मक प्रभाव होता है: हल्दी, मेथी के दानें, और तुलसी के पत्ते।
- पोषक तत्वों से भरपूर सब्जियाँ और फलियाँ: शकरकंद और अंकुरित मूंग।
- विटामिन सी युक्त खाद्य पदार्थ: लाल और हरी शिमला मिर्च।
- विटामिन ए से भरपूर खाद्य पदार्थ: शकरकंद।
- ओमेगा-3 फैट और जिंक युक्त खाद्य पदार्थ: काजू, बादाम, अखरोट, अलसी आदि।

अल्टीमेट ग्रीन टी काढ़ा

हर दिन काढ़ा लेने से प्रतिरक्षा प्रणाली मजबूत बनती है और सर्दी, वायरल संक्रमण और फ्लू से बचाव करती है। अपने दिन की शुरुआत परम ग्रीन टी के काढ़े के साथ करें और खुद देखें कि आप कितने कम बीमार पड़ते हैं।

4 व्यक्तियों के लिए | तैयारी का समय: 5 मिनट | पकाने का समय: 10 मिनट | पेय

सामग्री

ग्रीन टी	4 tsp
अजवायन	1 tsp
लौंग	6
तेज पत्ता	1
काली मिर्च	6
ताजी हल्दी	1½ इंच
ताजा अदरक	1½ इंच
दालचीनी	½ इंच
तुलसी के पत्ते	10
पानी	900 ml

विधि

1. ग्रीन टी और पानी को छोड़कर सभी सामग्री को ओखली में लें और मूसल से पीस लें। जड़ी बूटियों को एक पैन में लें और पानी डालें।
2. काढ़ा उबाल लें। मध्यम आंच पर 5 मिनट तक उबालें।
3. ग्रीन टी डालें और 5-8 मिनट तक उबालें या जब तक काढ़ा 600 मिली तक कम न हो जाए। गैस बंद कर दे। काढ़ा छानें और गमारगमर पियें ।

सुझाव: अगर आप काढ़े को मीठा बनाना चाहते हैं तो उबालते समय गुड़ डाल दें। अगर आपको सर्दी, गले में खराश या खांसी है, तो दिन में तीन बार काढ़ा लें, इसमें मीठा न डालें और काली मिर्च की मात्रा 10 तक बढ़ा दें। एक घूंट लें, अपने होठों को कस लें और अपनी नाक से सांस छोड़ें। यह जमे हुए नाक को खोलने में मदद करेगा।

मेवे वाला दूध

4 व्यक्तियों के लिए
तैयारी का समय: 5 मिनट
पकाने का समय 20 मिनट | पेय

सामग्री

सूखा नारियल	50 g
खसखस	10 g
छुआरा	50 g
बादाम	50 g
काजू	50 g
अखरोट	30 g
कद्दू के बीज	20 g
मखाना	20 g
पानी	150 ml
घी	½ tsp
दूध	1.5 L

विधि

1. सभी सूखे मेवों को पर्याप्त पानी में रात भर के लिए भिगो दें। खसखस को अलग से भिगो दें।
2. पानी निथारें और मेवों को ताजे पानी से धो लें।
3. छुआरों से बीज निकाल दें। सभी सामग्री को 150 मिली पानी के साथ पीस लें।
4. एक पैन में घी गर्म करें। इसमें मेवों का पेस्ट डालें। 5 से 10 मिनट तक या सारा पानी सूख जाने तक पकाएँ। इस अवस्था में यह हलवे की तरह दिखेगा। गैस बंद कर दें। आप इसे हलवे के रूप में भी खा सकते हैं।
5. दूध को एक अलग बर्तन में उबालें। दूध में आवश्यकतानुसार ड्राई फ्रूट्स हलवा डाल दें। अच्छी तरह मिलाएँ। 5 मिनट तक उबालें।
6. मेवे वाले दूध को थोड़ा ठंडा कर लें। चमच से मिलाएँ और परोसें।

गोल्डन मिल्क

4 व्यक्तियों के लिए | तैयारी का समय: 5 मिनट | पकाने का समय: 10 मिनट | पेय

सामग्री

ताजी हल्दी	2 इंच
या हल्दी पाउडर	1 tbsp
दूध	1 L

विधि

1. दूध को उबाल लें।
2. ताजी हल्दी को छीलकर मूसल की सहायता से ओखली में पीस लें।
3. दूध में पिसी हुई ताजी हल्दी डालें। 5 मिनट तक उबालें। गैस बंद कर दें। दूध को छान लें। इसे ठंडा होने दें।
4. इसे सोने से ठीक पहले जब गर्म गोल्डन मिल्क पीयें।

सुझाव: सर्दी के मौसम में ताजी हल्दी का प्रयोग करें और अन्य मौसम में जब ताजी हल्दी उपलब्ध न हो तो हल्दी पाउडर का प्रयोग करें। सर्दी के मौसम में रोज गर्म गोल्डन मिल्क पीयें।

तुलसी समर ड्रिंक

4 व्यक्तियों के लिए | तैयारी का समय: 15 मिनट | पेय

सामग्री

तुलसी के पत्ते	50
अदरक	2 इंच
हरी मिर्च	2
जीरा	1 tbsp
नींबू का रस	2 tbsp
ठंडा पानी	1 L
काला नमक मिश्रण	स्वादानुसार

विधि

1. जीरे को हल्का सा रंग बदलने तक भून लीजिए।
2. एक ग्राइंडर जार में तुलसी के पत्ते, अदरक, मिर्च और भुना हुआ जीरा लें। लगभग 50 मिलीलीटर पानी के साथ पीसकर बारीक पेस्ट बना लें।
3. पेस्ट को छलनी से छान लें। ठोस भाग को त्यागें।
4. बचा हुआ पानी, काला नमक मिश्रण और नींबू का रस डालें।
5. तुलसी समर ड्रिंक को 2 घंटे के लिए फ्रिज में ठंडा करें।
6. गर्म दोपहर में तीखे तुलसी समर ड्रिंक का आनंद लें।

लाल शिमला मिच की चटनी

200 ग्राम बनाने के लिए
तैयारी का समय: 15 मिनट
पकाने का समय: 25 मिनट | चटनी

सामग्री

लाल शिमला मिर्च	1 बड़ा/160 g	हरी शिमला मिर्च	1 छोटा/50 g
सेब का सिरका	1 tbsp	काली मिर्च पाउडर	½ tsp
गुड़	20 g	लौंग	6
कटे प्याज	1 बड़ा	कटे अदरक	1 tbsp
कटे लहसुन	2 tbsp	तेज पत्ता	1
कश्मीरी लाल मिर्च पाउडर	1 tbsp	नमक	स्वादानुसार
तिल का तेल	1½ tbsp	पानी	200 ml

विधि

1. सीधे आंच के ऊपर एक मेटल रैक रखें। इस पर लाल और हरी शिमला मिर्च रख कर धीमी आंच पर भून लें।
2. शिमला मिर्च को चारों तरफ से घुमाते हुए भूनें। इसमें लगभग 10-15 मिनट का समय लगेगा। इन्हें आंच से उतार लें।
3. एक कटोरी में शिमला मिर्च लें और उसके ऊपर 100 मिलीलीटर गर्म पानी डालें। ढक्कन से ढककर 15 मिनट के लिए अलग रख दें।
4. शिमला मिर्च को पानी के साथ पीसकर महीन पेस्ट बना लें।
5. एक पैन में तेल गर्म करें। तेज पत्ता, लौंग, अदरक और लहसुन डालें। मध्यम आंच पर इन्हें ब्राउन होने तक पकाएँ।
6. कटे प्याज़ डालें और 6-8 मिनट तक पकाएँ। कश्मीरी लाल मिर्च पाउडर डालें और 30 सेकेंड्स के लिए पकाएँ।
7. शिमला मिर्च का पेस्ट डालें। अच्छी तरह मिलाएँ और 5 मिनट तक पकाएँ।
8. नमक, काली मिर्च पाउडर, गुड़ और सेब का सिरका मिलाएँ।
9. 100 मिली पानी डालें। चटनी को ढक्कन से ढक कर धीमी आंच पर 10 मिनिट तक पकने दीजिये। बीच-बीच में चम्मच से मिलाये।
10. जब चटनी के ऊपर तेल दिखने लगे तो इसका मतलब चटनी तैयार है। गैस बंद कर दें और चटनी को ठंडा होने दें।
11. शिमला मिर्च की चटनी को कटलेट के साथ या डिप के रूप में परोसें या ब्रेड और चपाती पर फैलाएं या वेज रोल में उपयोग करें।
12. इसे एक एयरटाइट कांच के कंटेनर में भरकर फ्रिज में 2 हफ्ते तक स्टोर कर सकते हैं।

मेथी प्याज़ पराठा

4 व्यक्तियों के लिए
तैयारी का समय: 30 मिनट
पकाने का समय: 20 मिनट
ब्रेकफास्ट

सामग्री

साबुत गेहूँ का आटा	400 g
प्याज	4 ½ मध्यम
कलौंजी	½ tsp
भुना जीरा	1 tsp
धनिया पत्ती	20 g
एक्स्ट्रा वर्जिन ऑलिव ऑयल	2 tbsp
अंकुरित मेथी दाना	40 g
अजवायन	1 tsp
हरी मिर्च	2
नमक	स्वादानुसार
हींग	¼ tsp
पानी	100 ml

विधि

1. अंकुरित मेथी दानों को 100 मिलीलीटर पानी के साथ पीस लें।
2. जीरा सूखा भून लीजिए। उन्हें ओखली में कूट लें।
3. प्याज और हरी मिर्च को बारीक काट लीजिए।
4. सभी सामग्री को एक बाउल में लें और बिना कोई पानी डाले सख्त आटा गूँथ लें। अगर यह ज्यादा सूखा लगे तो 2 बड़े चम्मच पानी मिला लें। ध्यान रखें कि बहुत अधिक पानी न डालें क्योंकि प्याज बाद में पानी छोड़ेगा। आटे को 15 मिनिट के लिये ढककर रख दीजिये।
5. एक लोई लें, इसे सूखे गेहूँ के आटे में डुबोएं और अतिरिक्त आटा झाड़ लें। आटे को बेलन से गोल आकार में बेल लें।
6. तवा को मध यम-उच्च आंच पर गमर करें। परांठे को तवे पर रखें। लगभग एक मिनट या जब तक कि परांठा कुछ जगहों पर नीचे से फूलने लगे तब तक पकाएँ ।
7. परांठे को पलटें और 3-4 बूंद ऑलिव ऑयल तेल फैलाएं। हल्का भूरा होने तक 2 मिनट तक पकाएँ।
8. पराठे को फिर से पलटें और ऊपर से ऑलिव ऑयल की 3-4 बूंदें डालें और सतह पर समान रूप से फैलाएं। परांठे को एक चपटे चम्मच से धीरे से दबाएं ताकि परांठा समान रूप से पक जाए।
9. जब परांठे के दोनों तरफ भूरे रंग के धब्बे आ जाएँ तो इसे सर्विंग प्लेट में निकाल लें। इसी तरह सारे पराठे बना लें।
10. लाल चटनी, हरी चटनी और दही के साथ मेथी प्याज़ पराठे का आनंद लें।

अंकुरित मूंग की सब्जी

4 व्यक्तियों के लिए | तैयारी का समय: 15 मिनट | पकाने का समय: 30 मिनट | साइड डिश

सामग्री

अंकुरित मूंग	250 g	प्याज	2 मध्यम
टमाटर	2 मध्यम	अदरक	1 इंच
लहसुन	6	साबुत लाल मिर्च	2
राई	1 tsp	जीरा	½ tsp
धनिया-जीरा पाउडर	1½ tsp	गरम मसाला	½ tsp
		हींग	½ tsp
गुड़	15 g	हल्दी पाउडर	½ tsp
तेज पत्ता	1	तेल	1 tbsp
पानी	350 ml	नमक	स्वादानुसार

विधि

1. एक पैन में तेल गर्म करें। हींग, तेजपत्ता, लाल मिर्च, राई और जीरा डालें। सरसों चटकने तक पकाएँ।
2. अदरक और लहसुन डालें। 2 मिनट तक पकाएँ। कटा हुआ प्याज डालें। धीमी आंच पर 5-7 मिनट तक पकाएँ।
3. हल्दी पाउडर, गरम मसाला, धनिया-जीरा पाउडर डालें। अच्छी तरह से मलाएं। ढककर धीमी आंच पर 5 मिनट तक पकाएँ।
4. कटे हुए टमाटर और नमक डालें। 5 मिनट तक पकाएँ।
5. अंकुरित मूंग और गुड़ डालें। अच्छी तरह मिलाएँ और 5 मिनट तक पकाएँ।
6. पानी डालें। ढककर धीमी आंच पर 10 मिनट तक पकाएँ। गर्म - गर्म परोसें।

भरवाँ शिमला मिर्च

4 व्यक्तियों के लिए | तैयारी का समय: 15 मिनट | पकाने का समय: 40 मिनट | मेन कोर्स

सामग्री

हरी शिमला मिर्च	4 बड़े	शकरकंद	600 g
लाल मिर्च पाउडर	½ tsp	कटा हुआ अदरक	1 tsp
कटा हुआ लहसुन	1 tbsp	अमचूर पाउडर	½ tsp
जीरा	½ tsp	हींग	¼ tsp
पंच फोरन	1 ½ tsp	नमक	स्वादानुसार

विधि

1. शकरकंद को भाप में पका लें। इनका छिलका हटा कर मैश कर लीजिये।
2. एक पैन में तेल गर्म करें। हींग और जीरा डालें। जब जीरा ब्राउन होने लगे तो इसमें अदरक और लहसुन डालें। 2 मिनट तक पकाएँ। मसले हुए शकरकंद डालें। अच्छी तरह मिलाएँ और 5 मिनट तक पकाएँ।
3. नमक, अमचूर पाउडर, लाल मिर्च पाउडर और पंच फोरन मसाला डालें। अच्छी तरह से मिलाएँ। मध्यम आंच पर 10 मिनट तक पकाएँ। बीच-बीच में हिलाएँ। आंच बंद कर दें और स्टफिंग को ठंडा होने दें। शिमला मिर्च को धोकर ऊपर का हिस्सा और बीज निकाल दीजिये।
4. हर शिमला मिर्च में शकरकंद का मिश्रण भरें। प्रत्येक शिमला मिर्च को तेल से ब्रश करें। प्रत्येक शिमला मिर्च पर नमक छिड़कें।
5. भरवाँ शिमला मिर्च को मेटल रैक में रखें और पहले से गरम ओवन में 180 °C पर 15 मिनट तक बेक करें। शिमला मिर्च को पलटें और फिर से 10-15 मिनट तक बेक करें। गर्म - गर्म परोसें।

शकरकंद बर्फी

4 व्यक्तियों के लिए
तैयारी का समय: 20 मिनट
पकाने का समय: 40 मिनट
डेजर्ट

सामग्री

शकरकंद	300 g बैंगनी किस्म
पानी	100 ml
बादाम	10 -15
गुड़	60-70 g
घी	1 tbsp

विधि

1. शकरकंद को भाप में पकायें। त्वचा को हटा दें और उन्हें आलू मैशर या चम्मच का उपयोग करके मैश कर लें।
2. एक पैन में गुड़ डालें। इसे धीमी आंच पर गर्म करें। जब यह पिघलने लगे तो इसमें पानी मिला दें।
3. आंच को मध्यम कर दें और एक तार की चाशनी बनने तक मिश्रण को उबलने दें। चैक करने के लिये एक बूंद गुड़ की चाशनी एक प्लेट में डालें। इसे 15 सेकेंड के लिए ठंडा होने दें। इसे अपने अंगूठे और तर्जनी के बीच ले जाएँ और जांचें कि क्या यह आपकी उंगलियों को अलग करते समय एक तार बनाता है। यदि एक स्ट्रिंग बनता है, तो इसका मतलब है कि यह हो गया है। यदि नहीं, तो एक और मिनट के लिए पकायें और फिर से जाँच करें।
4. आंच धीमी कर दें और मसले हुए शकरकंद डालें और अच्छी तरह मिला लें। इसे लगातार चलाते रहें ताकि यह तले में न लगे। अच्छे से मिल जाने के बाद इसे धीमी से मध्यम आंच पर पकायें।
5. यह एक गेंद बनना शुरू कर देगी। इस अवस्था में, 1 बड़ा चम्मच घी डालें। अच्छी तरह मिलायें जब तक कि यह नीचे से चिपकना बंद न कर दे और एक नॉन-स्टिकी बॉल न बन जाए।
6. गैस बंद कर दें और इसे थोड़ा ठंडा होने दें।
7. चिकनी की हुई प्लेट पर इसे निकाल लें और 5 मिनट तक गुँथ लें।
8. एक समतल प्लेट में बटर पेपर बिछाएं और उस पर आटा फैलायें। इसे हथेली से दबाकर बेल लें या बेलन की सहायता से बेलें। मोटाई 0.5 सेंटीमीटर से 0.75 सेंटीमीटर रखें। इसे ठंडा होने दें।
9. 10-15 बादाम को सूखा भून लें और उन्हें बीच से खोल दें।
10. अपनी हथेली को घी से ग्रीस करें और बर्फी के ऊपर से थपथपाएं। चौकोर टुकड़ों में काट लें और हर टुकड़े पर आधा बादाम चिपका दें। फ्रिज में रखें और 2 दिन के अंदर खा लें।

सुझाव

1. शकरकंद को भाप में पकायें, उन्हें उबालें नहीं। उबालने से शकरकंद गूदेदार और तेज़ स्वाद वाला हो जाता है जो बर्फी के संतुलित स्वाद को बिगाड़ देता है।
2. गुड़ की मात्रा शकरकंद की मिठास पर निर्भर करती है। इसलिए गुड़ की मात्रा अपने हिसाब से कम या ज्यादा कर लें।

4 अधिकतम स्वास्थ्य लाभ के लिए खाएँ

(परम पोषक तत्व संयोजन)

स्वास्थ्य लाभ प्रदान करने के लिए पोषक तत्वों को आपके शरीर में पर्याप्त रूप से अवशोषित (अब्सॉर्ब) होने की आवश्यकता होती है। कुछ पोषक तत्व आपके शरीर से अवशोषित किए बिना तेजी से बहार निकल जाते हैं और आपको उनके स्वास्थ्य लाभ नहीं मिलते हैं। विभिन्न कारक पोषक तत्वों के अवशोषण को प्रभावित करते हैं। खाद्य पदार्थों को अवशोषित होने के लिए, आपके शरीर के अंदर एक अनुकूल वातावरण और कुछ विटामिन और खनिजों की उपस्थिति की आवश्यकता होती है। यदि खाद्य पदार्थ आपके शरीर में अवशोषित नहीं होते हैं, तो आपको उनके स्वास्थ्य लाभ नहीं मिलते हैं। अच्छी बात ये है कि आप भोजन को अन्य भोजन के साथ जोड़कर उनका अवशोषण बढ़ा सकते हैं। ये उनके अवशोषण के लिए आवश्यक वातावरण प्रदान करके और उनके मेटाबोलिज्म को रोक कर पोषक तत्वों को अवशोषित होने के लिए रक्त में अधिक उपलब्ध कराते हैं। इन खाद्य पदार्थों को एक साथ खाने से यह सुनिश्चित होता है कि आपको अधिकतम स्वास्थ्य लाभ मिले।

यहाँ पोषक तत्वों के संयोजन के व्यंजन दिए गए हैं जो एक साथ खाने पर अधिकतम स्वास्थ्य लाभ प्रदान करते हैं:

जिंजर ग्रीन आइस्ड टी

ग्रीन टी + नींबू

4 व्यक्तियों के लिए
तैयारी का समय: 20 मिनट
पकाने का समय: 10 मिनट
पेय

सामग्री

ग्रीन टी	4 tsp/ 4 ग्रीन टी बैग
पुदीने के पत्ते	20
नींबू	2 tbsp
बर्फ के टुकड़े	12 (ऑप्शनल)
तुलसी के पत्ते	20
अदरक	2 इंच
पानी	1 L
नींबू के स्लाइस	गार्निश के लिए
शहद	स्वादानुसार

विधि

1. अदरक को मूसल से पीस लें। पानी में ग्रीन टी, तुलसी के पत्ते और अदरक डालें। इसमें उबाल आने दें। 5-7 मिनट तक उबालें।
2. पुदीने के पत्ते और नींबू का रस डालकर गैस बंद कर दें। चाय को कमरे के तापमान तक पहुँचने तक 15 मिनट के लिए ढककर छोड़ दें।
3. चाय को छान लें। अगर आप अपनी चाय को मीठा बनाना चाहते हैं तो शहद मिलाएँ।
4. चाय को 3-4 घंटे के लिए फ्रिज में ठंडा करें।
5. चिल्ड जिंजर ग्रीन आइस्ड टी को ग्लास में डालें। नींबू के टुकड़े, तुलसी के पत्ते और बर्फ के टुकड़े डालें। इस समर ड्रिंक का लुत्फ उठाएं।

7 अनाज खुनुआ के साथ

फाइटिक एसिड + पानी

4 व्यक्तियों के लिए

तैयारी का समय: 10 मिनिट

पकाने का समय: 15 मिनट

ब्रेकफास्ट

काले चने	50 g
साबुत गेहूँ	80 g
साबुत मूंग	50 g
मूंगफली	50 g
खुनुआ	1 tsp/ स्वादानुसार
नमक	स्वादानुसार
साबुत पीले मटर	50 g
साबुत अरहर	50 g
सोयाबीन	50 g
पानी	850 ml
सरसों का तेल	1 tsp

विधि

1. सभी सातों अनाजो को रात भर पर्याप्त पानी में भिगो दें। अगली सुबह सभी अनाज को ताजे पानी से 4 से 5 बार धो लें।
2. सभी सातों अनाजो को प्रेशर कुकर में डाल दें। पानी और ½ छोटी चम्मच ही नमक डालें क्योंकि खुनुआ में पहले से ही नमक होता है।
3. 5-7 सीटी आने तक प्रेशर कुक करें। ढक्कन खोलें और खनुआ और सरसों का तेल डालें। अच्छी तरह से मलाएं।
4. कच्चे लहसुन और सरसों के तेल के स्वादिष्ट 7 अनाज के साथ अपने दिन की शुरुआत करें।

मिश्रित अंकुरित

विटामिन C + आयरन | संपूणर प्रोटीन

4 व्यक्तियों के लिए | तैयारी का समय: 15 मिनट | ब्रेकफास्ट / स्नैक

सामग्री

अंकुरित काले चने	75 g	अंकुरित मूंग	75 g
अंकुरित कुलथी	50 g	उबले मक्के के दाने	50 g
अंकुरित मेथी दाना	20 g	अंकुरित मूंगफली	25 g
सेब	2	खीरा	1
अनार	1	टमाटर	1
प्याज	1	कटी हरी मिर्च	स्वादानुसार
नींबू का रस	1 tbsp	काला नमक मिक्स	स्वादानुसार
पुदीना पत्तियां	1 tbsp	धनिया पत्तियां	1 tbsp

विधि

1. खीरा, मिर्च, प्याज और टमाटर को काट लें।
2. मिश्रित स्प्राउट्स की सभी सामग्री को एक कटोरे में लें। अच्छी तरह से मलाएं।
3. 10 मिनट के लिए छोड़ दें। ताजा मिश्रित स्प्राउट्स का आनंद लें।

** अगर आपको एसिडिटी या सीने में जलन की शिकायत है तो हरी मिर्च से परहेज करें।*

पचने में आसान अंकुरित अनाज

4 व्यक्तियों के लिए
तैयारी का समय: 5 मिनट
पकाने का समय 10 मिनट
ब्रेकफास्ट

सामग्री

अंकुरित काले चने	75 g
अंकुरित मूंग	75 g
अंकुरित मूँगफली	50 g
काली मिर्च पाउडर	¼ tsp
हींग	¼ tsp
पानी	75 ml
अंकुरित साबुत अरहर दाल	50 g
अंकुरित कुलथी दाल	50 g
जीरा	1 tsp
कटी हुई हरी मिर्च	स्वादानुसार
नमक	स्वादानुसार
सरसों का तेल	1 tsp

विधि

1. प्रेशर कुकर में तेल गर्म करें। हींग, हरी मिर्च और जीरा डालें। जब जीरे का रंग बदलने लगे तो इसमें सारे स्प्राउट्स डाल दीजिए।
2. 5 मिनट तक पकाएँ। काली मिर्च, नमक और पानी डालें।
3. 2-3 सीटी आने तक प्रेशर कुक करें। आंच बंद कर दें। प्रेशर को स्वाभाविक रूप से निकलने दें। हर सुबह पचने में आसान स्प्राउट्स का आनंद लें।

फ्रूट चाट

विटामिन डी + कै लि शयम | फोलेट + विटामिन बी 12

4 व्यक्तियों के लिए | तैयारी का समय: 20 मिनट | शाम का नाश्ता

सामग्री

गाढ़ी दही	250 g	सेब	2
केला	2	अनार	1
संतरा	1	पपीता	50 g
कीवी	2	खरबूजा	50 g
साथ ही, कोई भी मौसमी फल		बादाम	10
पिस्ता	10	अखरोट	3
कद्दू के बीज	3 tsp	जीरा	1 tsp
कटे पुदीने के पत्ते	2 tbsp	शहद	1 tbsp
काला नमक	स्वादानुसार	अमचूर पाउडर	¼ tsp

विधि

1. जीरे को रंग बदलने तक भून लें। इन्हें दरदरा पीस लें।
2. दही को 2 मिनिट चमचे से चला कर चिकना कर लें।
3. सभी सामग्री को काट लें। इन्हें दही में डालें और अच्छी तरह से मिलायें।
4. इसमें जीरा, अमचूर पाउडर, काला नमक मिक्स और शहद डालकर अच्छी तरह से मिलायें। 1 घंटे के लिए रेफ्रिजरेट करें और ठण्डा करके परोसें।

पालक की क्रीमी ग्रेवी में मशरूम

विटामिन C + आयरन | विटामिन D + कैल्शियम | फोलेट + विटामिन B12

4 व्यक्तियों के लिए | तैयारी का समय: 15 मिनिट | पकाने का समय: 1 घंटा | मेन कोर्स (वीकेंड स्पेशल)

सामग्री

मशरूम	200 g	पालक	200 g
काजू	30	खरबूजे के बीज	20 g
प्याज	4 मध्यम	टमाटर	3 मध्यम
अदरक	1 ½ इंच	लहसुन	10
हल्दी पाउडर	¼ tsp	गरम मसाला	1 tsp
धनिया पाउडर	½ tsp	लाल मिर्च पाउडर	½ tsp
हींग	¼ tsp	तेजपत्ता	1
जीरा	½ tsp	पानी	250 ml
नींबू का रस	1 tsp	नमक	स्वादानुसार
घी	2 tbsp		

तड़के के लिए:

कटा हुआ लहसुन	1 tbsp
हींग	¼ tsp
कश्मीरी लाल मिर्च पाउडर	½ tsp
घी	1 tsp

विधि

1. पालक को अच्छी तरह धो लें। पालक को 100 मिली पानी में नमक और नींबू के रस के साथ 1 मिनट के लिए ब्लांच कर लें। इसे ठंडा होने दें और एक मुलायम पेस्ट बनने तक ब्लेंड करें।
2. काजू और खरबूजे के बीज को 100 मिली गर्म पानी में 15 मिनट के लिए भिगो दें। बारीक सफेद पेस्ट बनने तक पीस लें।
3. प्याज, अदरक और लहसुन को बारीक पीस लें। टमाटर को अलग से पीस लें।
4. मशरूम को 1 इंच के क्यूब्स में काट लें। आधा छोटा चम्मच घी गरम करें। मशरूम डालकर 10 मिनिट तक भूनें।
5. दूसरे पैन में घी गर्म करें। हींग, तेज पत्ता और जीरा डालें। जब जीरे का रंग बदलने लगे तो प्याज़-अदरक-लहसुन का पेस्ट डालें। ढककर धीमी आंच पर 10 मिनट तक पकाएँ जब तक कि प्याज का कच्चा स्वाद पूरी तरह से चला न जाए।
6. टमाटर का पेस्ट और नमक डालें। 5 मिनट के लिए ढककर पकाएँ। हल्दी पाउडर, गरम मसाला, धनिया पाउडर और लाल मिर्च पाउडर डालें। ढककर धीमी आंच पर 10 मिनट तक पकाएँ।
7. काजू-खरबूजे का पेस्ट डालें। ढककर धीमी आंच पर 15 मिनट तक ग्रेवी के तेल छोड़ने तक पकाएँ।
8. पालक का पेस्ट डालें और अच्छी तरह मिलाएँ। इसे उबाल लें। अगर ग्रेवी ज्यादा गाढ़ी हो तो 50 से 100 मिली पानी डालें। धीमी आंच पर 5 मिनट तक पकाएँ। मशरूम डालें। मिक्स करें और 2 मिनट के लिए उबाल लें। गैस बंद कर दें।

तड़के के लिए:

1. गरम घी में हींग, कटा लहसुन और लाल मिर्च पाउडर डालें। 2-3 मिनिट तक पकाएँ।
2. पालक की क्रीमी ग्रेवी में मशरूम में तड़का डालें। चपाती और चावल के साथ परोसें।

विंटर करी

हल्दी + काली मिर्च

4 व्यक्तियों के लिए
तैयारी का समय: 20 मिनट
पकाने का समय 1 hour
मेन कोर्स

सामग्री

फूल गोभी	250 g	शकरकंद	100 g
गाजर	100 g	लहसुन	8-10 कलियाँ
अदरक	2 इंच	प्याज	3 मध्यम
टमाटर	2 मध्यम	हरी मिर्च	2
हल्दी पाउडर	½ tsp	काली मिर्च पाउडर	¼ tsp
गरम मसाला	1 tsp	धनिया-जीरा पाउडर	1 tsp
लाल मिर्च पाउडर	¼ tsp	हींग	½ tsp
तेज पत्ता	1	जीरा	½ tsp
मेथी दाना पाउडर	¼ tsp	नमक	स्वादानुसार
सरसों का तेल	2½ tbsp	पानी	300 ml

विधि

1. शकरकंद और गाजर को छील लें। फूलगोभी, शकरकंद और गाजर को एक-एक इंच के क्यूब्स में काट लें।
2. प्याज, अदरक, लहसुन और हरी मिर्च को दरदरा पीस लें। ध्यान रहे कि बारीक पेस्ट न बनाएं। टमाटर को अलग से पीस लें।
3. एक पैन में 1 टीस्पून तेल गर्म करें। हींग और फूलगोभी डालें। धीमी आंच पर 10 मिनिट तक फूलगोभी को हल्का ब्राउन होने आने तक पका लें। गोभी को कढ़ाई से निकाल लें।
4. उसी पैन में ½ छोटा चम्मच तेल डालें। शकरकंद के टुकड़े डालें। 10 मिनट तक इन्हें हल्का ब्राउन होने तक पकाएँ। इन्हें आंच से उतार लें। ½ छोटा चम्मच तेल डालें और गाजर डालें। 7-10 मिनट तक पकाएँ। इन्हें आंच से उतार लें।
5. उसी पैन में 1½ टेबल स्पून तेल गरम करें। हींग, तेज पत्ता, जीरा और मेथी दाना पाउडर डालें। 2 मिनिट तक पकाएँ। प्याज-अदरक-लहसुन का पेस्ट डालें। 10 मिनट तक पकाएँ।
6. हल्दी पाउडर, काली मिर्च पाउडर, लाल मिर्च पाउडर, गरम मसाला, धनिया-जीरा पाउडर डालें। धीमी आंच पर 5 मिनट तक पकाएँ। टमाटर का पेस्ट डालें। 5-7 मिनट तक पकाएँ।
7. नमक और 300 मिली पानी डालें। फूलगोभी, गाजर और शकरकंद के टुकड़े डालें। यदि आप अधिक रस पसंद करते हैं, तो अपने स्वाद के अनुसार 50 मिलीलीटर से 100 मिलीलीटर पानी अधिक डालें। ज्यादा पानी न डालें क्योंकि यह स्वाद को फीका कर सकता है।
8. ढक्कन से ढककर धीमी आंच पर 10 मिनट तक पकाएँ। गैस बंद कर दें। चपाती और चावल के साथ परोसें।

मसाला मिक्स दाल

विटामिन C + आयरन | टमाटर + जैतून का तेल | फाइटिक एसिड + पानी

4 व्यक्तियों के लिए | तैयारी का समय: 15 मिनिट | पकाने का समय: 30 मिनिट | मेन कोर्स

सामग्री

पीली अरहर दाल	4 tbsp	हरे अरहर दाल	2 tbsp
मसूर दाल	2 tbsp	धुली मूंग दाल	2 tbsp
टमाटर	1 मध्यम	नमक	स्वादानुसार
हींग	½ tsp	मूंगफली	2 tbsp
हल्दी पाउडर	1 tsp	हल्दी पाउडर	½ tsp
गरम मसाला	1 tsp	जीरा	½ tsp
राइ	1 tsp	सूखी लाल मिर्च	2
करी पत्ता	5-6	पानी	700 ml
कोकम	3	ऑलिव ऑयल	1 tbsp

विधि

1. मूंगफली को 15 मिनट के लिए गरम पानी में भिगो दें। कोकम को लगभग 100 मिली गर्म पानी में 15 मिनट के लिए भिगो दें।
2. दाल को ताजे पानी से धो लें और 15 मिनट के लिए पर्याप्त पानी में भिगो दें ताकि खाना पकाने का समय कम हो सके और फाइटिक एसिड दूर हो सके।
3. पानी फैंक दें। एक प्रेशर कुकर में अरहर, हरे अरहर, मसूर और मूंग की दाल, नमक, हल्दी पाउडर, हींग और कटे हुए टमाटर लें। 400 मिली पानी डालें और 4 सीटी आने तक प्रेशर कुक करें। दाल मुलायम होनी चाहिए। हैंड ब्लेंडर से स्मूद ब्लेंड करें।
4. एक पैन में तेल गर्म करें। हींग, लाल मिर्च, राई और जीरा डालें। जब राई चटकने लगे तो करी पत्ता डालें। दाल का मिश्रण, भीगे हुए मूंगफली के दाने और बचा हुआ पानी डालें।
5. दाल में उबाल आने दें। नमक, गरम मसाला, धनिया पाउडर और कोकम को पानी के साथ डालें (जिसमें इसको भिगोया गया था)।
6. दाल को मध्यम आंच पर 10 मिनट तक पकाएँ। गैस बंद कर दें। धनिया पत्ती से गार्निश करें।

कोकम विकल्प: अगर कोकम उपलब्ध नहीं है, तो आप 1 टेबल-स्पून नींबू का रस मिला सकते हैं (नींबू के रस को आंच बंद करने के बाद मिलायें, पकाते समय नहीं)।

5 डायबिटीज़ से बचने और इन्हें नियंत्रित करने के लिए खाएँ

डायबिटीज़ एक क्रोनिक बीमारी है जिसमें शरीर या तो इंसुलिन का उत्पादन नहीं करता है या इंसुलिन का प्रभावी ढंग से उपयोग नहीं करता है, जिसके परिणामस्वरूप रक्त में शर्करा का स्तर बढ़ जाता है।

स्वस्थ आहार डायबिटीज़ की रोकथाम और प्रबंधन में महत्वपूर्ण भूमिका निभाता है। डायबिटीज़ को नियंत्रित करने का मतलब केवल उन खाद्य पदार्थों से परहेज करना नहीं है जो आपके रक्त में शर्करा के स्तर को बढ़ा सकते हैं। यह सही खाद्य पदार्थों को चुनने के बारे में भी है जो प्राकृतिक रूप से डायबिटीज़ को रोकते और नियंत्रित करते हैं।

डायबिटीज़ की रोकथाम और नियंत्रण के लिए स्वस्थ विकल्प:

आलू के स्थान पर शकरकंद का प्रयोग करें

शकरकंद का स्वाद आलू की तुलना में अधिक मीठा होता है और यह गलत धारणा देता है कि वे आलू की तुलना में शर्करा के स्तर को बहुत तेजी से बढ़ाते हैं। पर ये सच नहीं है। शकरकंद का ग्लाइसेमिक इंडेक्स आलू की तुलना में कम होता है। ऐसा इसलिए है क्योंकि शकरकंद में मौजूद कार्बोहाइड्रेट आलू से अलग होते हैं। आलू में कार्बोहाइड्रेट तेजी से टूट जाते हैं और चीनी में परिवर्तित हो जाते हैं, जिससे रक्त में शर्करा के स्तर में अचानक वृद्धि होती है।

वहीं, शकरकंद में मौजूद कार्बोहाइड्रेट धीरे-धीरे शुगर में बदलते हैं। इसलिए, शुगर धीरे-धीरे रक्त में प्रवाहित होती है और रक्त में शर्करा के स्तर में अचानक वृद्धि नहीं होती है। यही वजह शकरकंद को कम मात्रा में सेवन करने पर डायबिटीज़ वाले लोगों के लिए सुरक्षित बनाता है।

चीनी की जगह सूखे मेवे लें

डायबिटीज़ वाले लोगों के लिए चीनी के स्थान पर सूखे मेवों का उपयोग एक स्वस्थ विकल्प है। सूखे मेवे फाइबर, एंटीऑक्सीडेंट और स्वस्थ मोनोअनसैचुरेटेड वसा से भरपूर होते हैं। जब कम मात्रा में सेवन किया जाता है, तो सूखे मेवे जैसे खजूर (दिन में 2-3), किशमिश (दिन में 2 बड़े चम्मच), और

अंजीर का उपयोग मिठाइयों को मीठा करने के लिए सुरक्षित रूप से उपयोग किया जा सकता है। हालाँकि, प्रत्येक व्यक्ति डायबिटीज़ के विभिन्न चरण में हो सकता है। आपकी डायबिटीज़ की स्थिति के आधार पर, आपके डॉक्टर आपको बता सकते हैं कि आपको एक दिन में कितने सूखे मेवे खाने चाहिए, इसलिए आपके लिए सही मात्रा जानने के लिए अपने डॉक्टर से परामर्श लें। सूखे मेवों का उपयोग निम्नलिखित व्यंजनों में चीनी के विकल्प के रूप में किया जा रहा है। यदि यह आपके लिए उपयुक्त नहीं है, तो इसे आर्टिफीसियल स्वीटनर से बदलें या अपने डॉक्टर द्वारा सुझाए सुझाव अपनायें।

इस अध्याय में दिए गए व्यंजन उन सुपरफूड्स पर आधारित हैं जिनके उपचारात्मक प्रभाव होते हैं और निम्नलिखित क्रियाविधि के माध्यम से डायबिटीज़ को रोकने और नियंत्रित करने में मदद करते हैं:

- खाद्य पदार्थ जो इंसुलिन की क्रिया की नकल करते हैं: करेला।
- खाद्य पदार्थ जो ग्लूकोज-प्रेरित इंसुलिन रिलीज को बढ़ाते हैं: मेथी।
- आहार फाइबर से भरपूर खाद्य पदार्थ: लौकी और मेथी।
- खाद्य पदार्थ जो इंसुलिन प्रतिरोध के जोखिम को कम करते हैं: लौकी, छोले और हरी मटर।
- खाद्य पदार्थ जो ग्लूकोज मेटाबोलिज्म को बढ़ाते हैं और इंसुलिन संवेदनशीलता को बढ़ाते हैं: लौकी, करेला और आँवला।
- जिंक युक्त खाद्य पदार्थ: काजू, तिल, छोले और ओट्स।
- मोनोअनसैचुरेटेड फैट से युक्त खाद्य पदार्थ: ऑलिव ऑयल और सूखे मेवे।
- खाद्य पदार्थ जो शरीर में फैट जलाने वाले हार्मोन एडिपोनेक्टिन को बढ़ाते हैं: ऑलिव ऑयल, छोले और हरी मटर।
- खाद्य पदार्थ जो शरीर में ऑक्सीडेटिव तनाव को कम करते हैं और डायबिटीज़ संबंधी जटिलताओं को नियंत्रित करते हैं: आँवला।

झटपट आँवला अचार

350 ग्राम
तैयारी का समय: 15 मिनट
पकाने का समय: 15 मिनट
अचार

सामग्री

आँवला	250 g
काला नमक मिक्स	1 tbsp
सरसों का तेल	2 tbsp
ताजी हल्दी	100 g
हींग	½ tsp

विधि

1. आँवलों को भाप में पका लें। उन्हें पूरी तरह ठंडा होने दें। बीज निकाल दें। ताजी हल्दी को छीलकर कद्दूकस कर लें।
2. एक कटोरी में कद्दूकस की हुई हल्दी और आँवले के टुकड़े लें।
3. हींग, काला नमक मिक्स और सरसों का तेल डालें। अच्छी तरह मिलाएँ।
4. कटोरे को मलमल के कपड़े से ढक दें। इसे एक दिन के लिए धूप में रख दें। शाम को अंदर ले लें।
5. झटपट आँवले का अचार कांच के एयरटाइट कन्टेनर में भर लीजिये। इसे 2 सप्ताह तक के लिए फ्रीज़ में स्टोर कर सकते हैं।

आँवले की चटनी

120 ग्राम
तैयारी का समय: 10 मिनट
चटनी

सामग्री

आँवला	100 g
लहसुन	7-8
काला नमक मिक्स	1 tbsp
हरी मिर्च	1
धनिया पत्ती	25 g

विधि

1. आँवले के बीज निकाल दें।
2. सभी सामग्री को ग्राइंडर जार में डालें। धनिया पत्ती के साथ डंठल भी डाल दें, डंठल हटाने की जरूरत नहीं है।
3. चटनी को बिना पानी डाले दरदरा पीस लें।
4. आँवला चटनी का ऐसे ही या चावल और दाल के साथ आनंद लें।

भरवा मूली के पालक पराठे

4 व्यक्तियों के लिए
तैयारी का समय: 30 मिनट
पकाने का समय 20 मिनट
ब्रेकफास्ट

सामग्री

भरावन के लिए

सफेद मूली	500 g
जीरा	1 tsp
कटी हरी लहसुन	50 g
कटा अदरक	1 tsp
हींग	½ tsp
कटा हरा धनिया	50 g
नमक	स्वादानुसार

पराठे के लिए

साबुत गेहूँ का आटा	400 g
पालक	150 g
नमक	स्वादानुसार
नींबू का रस	1 tbsp
ऑलिव ऑयल	1 tbsp + जरूरतानुसार

विधि

भरावन के लिए

1. मूली को अच्छी तरह धो लें। मूली को छीलकर कद्दूकस कर लें। कद्दूकस की हुई मूली पर नमक छिड़कें। 15 मिनट के लिए ढककर रख दें।
2. पानी निकालने के लिए मूली को निचोड़ लें। जितना हो सके पानी निकाल लें। पानी गूंदने के लिये रख दें। जीरे को सूखा भून लें और मूसल की सहायता से ओखली में पीस लें।
3. कद्दूकस की हुई मूली में जीरा, अदरक, हींग, हरा लहसुन और हरा धनिया डालें। अच्छी तरह से मिलायें।

पराठे के लिए

1. पालक को नींबू के रस और नमक के साथ कम से कम पानी का प्रयोग करके 1 से 2 मिनट के लिए ब्लांच कर लें। पालक को स्टॉक के साथ मिलाकर बारीक पेस्ट बना लें। गेहूं के आटे में पालक का पेस्ट और तेल मिलायें। मूली के पानी (यदि आवश्यक हो) का उपयोग करके आटा गूंध लें। 15 मिनट के लिए ढककर छोड़ दें।
2. आटे से एक मध्यम आकार की लोई लें। अपनी हथेलियों का उपयोग करके एक चिकनी बिना दरार वाली गेंद बनायें। आटे को अपनी हथेली में अपनी उंगलियों से चपटा करें। बीच के हिस्से को थोड़ा मोटा और साइड को पतला रखें।
3. बीच में एक चम्मच मूली की स्टफिंग रखें, किनारों को सील करके चिकना गोल लोई बना लें। इसे उंगलियों से धीरे से चपटा करें। इसमें पलथन लगायें, अतिरिक्त आटा झाड़ दें। आटे को गोल आकार में बेल लें। मध्यम-तेज आंच पर तवा गरम करें। पराठे को तवे पर डालें। लगभग एक मिनट तक पकायें या तब तक पकायें जब तक कि पराठा कहीं-कहीं से फूलने न लगे। परांठे को पलटें और 3-4 बूंद ऑलिव ऑयल फैलायें। 2 मिनट तक हल्का ब्राउन होने तक पकायें।
4. परांठे को फिर से पलटें और ऊपर से 3-4 बूंद ऑलिव ऑयल डालें और इसे पूरी सतह पर समान रूप से फैलायें। पराठे को समान रूप से पकाने के लिए पराठे को चपटे स्पैचुला से धीरे से दबायें।
5. जब परांठे के दोनों ओर ब्राउन स्पॉट दिखने लगे तो परांठे को सर्विंग प्लेट में निकाल लें। आपका पराठा तैयार है। इसी तरह सारे पराठे बना लें। लाल चटनी के साथ भरवा मूली के पालक पराठे का आनंद लें।

मल्टीग्रेन मेथी पुरी

165 ग्राम बनाने के लिए | तैयारी का समय: 30 मिनट | पकाने का समय: 15 मिनट | स्नैक

सामग्री

ओट्स का आटा	75 g	साबुत गेहूँ का आटा	75 g
सूजी	15 g	हल्दी पाउडर	1 tsp
हींग	एक चुटकी	नमक	स्वादानुसार
एक्स्ट्रा वर्जिन ऑलिव ऑयल	1 tbsp	गरम मसाला	1 tbsp

साथ में पीसने के लिए

मूंगफली	70 g	प्याज	2 मध्यम
अदरक	1 इंच	अंकुरित मेथी दाना	2 tbsp
लौंग	5	हरी मिर्च	2
सौंफ	1 tbsp	सफेद तिल	2 tbsp
दही	1 tbsp/ आवश्यकतानुसार	नींबू का रस	1½ tbsp

विधि

1. मूंगफली को सूखा भून लीजिए। आंच से हटाएँ। जब मूंगफली संभालने लायक ठंडी हो जाए, तो छिलका हटाने के लिए मूंगफली को अपनी हथेलियों के बीच रगड़ें।
2. मूंगफली, प्याज, अदरक, लौंग, मिर्च, सौंफ, तिल, अंकुरित मेथी दाना और नींबू का रस एक साथ पीस लें।
3. तीनों आटे को एक बाउल में निकाल लीजिए। इसमें हींग, तेल, नमक, हल्दी, गरम मसाला डालकर अच्छी तरह मिला लें। तैयार सफेद पेस्ट को आटे के मिश्रण में मिलाएँ और थोड़ा सख्त आटा गूँथ लें। अगर आटा ज्यादा सूखा लगे तो दही मिला लें।
4. आटे से एक मध्यम आकार की लोई निकाल लीजिए। लगभग 3 मिमी मोटाई की एक बड़ी गोल पूरी बेल लें। इस बीच, ओवन को 180 °C पर प्री-हीट कर लें। एक कांटा लें और पूरी की सतह पर छेद कर लें ताकि बेक करते समय यह फूले नहीं।
5. एक कुकी कटर लें और पूरियों को मनचाहे आकार में काट लें। बाकी आटे के लिए भी यही प्रक्रिया दोहराएं।
6. पूरियों को तेल लगी बेकिंग ट्रे में रखें।पूरी के ऊपर तेल लगाकर चिकना कर लें। पूरियों को पहले से गरम ओवन में 180 °C पर 10 मिनट तक बेक करें। पूरियों को पलट कर 5 मिनिट तक बेक करें।

सुझाव: यदि आपके पास अंकुरित मेथी के दाने उपलब्ध नहीं हैं, तो रात भर भिगोए हुए मेथी के दानों का उपयोग करें और 2 बड़े चम्मच के बजाय 1½ बड़ा चम्मच ही डालें।

बादाम क्रैकर

150 g बनाने के लिए | तैयारी का समय: 15 मिनट | पकाने का समय: 15 मिनट | स्नैक

सामग्री

साबुत गेहूँ का आटा	100 g
बादाम	45 g
नमक	1 tsp/
ओट्स का आटा	50 g
नारियल का भूरा	25 g
पानी	75-100 ml

टोप्पिंग्स के लिए

सफेद तिल	1 tbsp
नारियल का भूरा	1 tbsp
बादाम पाउडर	1 tbsp

विधि

1. बादाम को हल्का सा रंग बदलने तक सूखा भून लीजिये। ठंडा करके पीसकर बारीक पाउडर बना लें। 1 बड़ा चम्मच बादाम पाउडर टॉपिंग के लिए बचाकर रखें और बाकी का उपयोग आटा गूँथने में करें।
2. एक कटोरे में गेहूँ का आटा, ओट्स का आटा, नारियल का भूरा, बादाम पाउडर और नमक लें। धीरे-धीरे पानी डालें और सख्त आटा गूँथ लें। आटा नरम नहीं होना चाहिए। 10 मिनिट के लिये ढककर रख दीजिये।
3. आटे से मध्यम आकार की लोई निकाल लीजिए। अपने काम की सतह पर आटा छिड़कें और बेलन का उपयोग करके गोल बेल लें। मोटाई 3 mm से 4 mm रखें।
4. आटे की बड़ी आयताकार शीट बनाने के लिए किनारों को कटर से काट लें।
5. एक कांटा लें और इसे बेले हुए आटे में कट बनाएँ ताकि पकाते समय क्रैकर्स फूले नहीं।
6. आटे की शीट पर तिल, बादाम पाउडर और नारियल का भूरा छिड़कें। अपनी उंगलियों से थपथपाएं या बेलन से धीरे से बेलें ताकि मेवे और बीज आटे पर अच्छे से चिपक जाएँ।
7. ज़िग-ज़ैग कटर या चाकू से आटे की शीट को 1 इंच या 2 इंच के क्रैकर बनाने के लिए काट लें।
8. क्रैकर्स को बेकिंग ट्रे पर रखें और पहले से गरम ओवन में 180 °C पर 10 मिनट तक बेक करें। क्रैकर्स को पलटें और 5 मिनट तक या किनारों के भूरे होने तक बेक करें।
9. क्रैकर्स को ओवन से बाहर निकालें और कंटेनर में भरने से पहले उन्हें पूरी तरह से ठंडा होने दें, अन्यथा, क्रैकर्स अपना कुरकुरापन खो देंगे।
10. एक एयरटाइट कंटेनर में स्टोर करें और 5 दिनों के भीतर उपभोग करें।

प्याज़ वाले करेले

4 व्यक्तियों के लिए | तैयारी का समय: 15 मिनट | पकाने का समय: 30 मिनट | साइड डिश

सामग्री

करेला	250 g	प्याज	200 g
अमचूर पाउडर	½ tsp	जीरा	½ tsp
पंचफोडन मसाला	1 tsp	हींग	¼ tsp
नमक	स्वादानुसार	तेल	2 tbsp

विधि

1. करेले की कड़वाहट कम करने के लिए उन्हें धोकर नमकीन गर्म पानी में 15 मिनट के लिए भिगो दें। इन्हें किचन टॉवल से अच्छी तरह सुखा लें। दोनों सिरे हटा दें और उन्हें छील लें लेकिन छिलका फेंकें नहीं (सुझाव देखें)।
2. करेले को स्लाइस कर लें और प्याज को लंबाई में काट लें।
3. एक पैन में तेल गर्म करें। हींग और जीरा डाल कर एक मिनट तक पकाएँ। करेले डालें और धीमी आंच पर 15 मिनट तक या कुरकुरा होने तक पकाएँ। प्याज़ डालें और 10 मिनट तक पकाएँ।
4. पंच फोडन मसाला, अमचूर पाउडर और नमक डालें। 5 मिनट तक पकाएँ। गर्म - गर्म परोसें।

सुझाव: करेले का छिलका मलमल के कपड़े में लें। करेले का रस इकट्ठा करने के लिए निचोड़ें। ठोस भाग को फैंक दें और रस को ताजा रहने पर ही पियें। अगर आप इसे बाद के लिए रखेंगे तो रस गाढ़ा हो जाएगा।

मूंग लिट्टी चोखा

4 व्यक्तियों के लिए | तैयारी का समय: 30 मिनट | पकाने का समय: 50 मिनट | मेन कोर्स (वीकेंड स्पेशल)

सामग्री

आटे के लिए	
साबुत गेहूँ का आटा	500 g
पानी	गूँथने के लिए
नमक	स्वादानुसार
तेल	1 tbsp

चोखे के लिए	
शकरकंद	150 g
लहसुन	8
कटा हरा धनिया	2 tbsp
टमाटर	3 मध्यम
कटी हरी मिर्च	1
नमक	स्वादानुसार

मूंग स्टफिंग के लिए	
मूंग	300 g
हल्दी पाउडर	½ tsp
साबुत लाल मिर्च	2
नमक	स्वादानुसार
तेल	1 tsp
जीरा	1 tsp
काली मिर्च पाउडर	¼ tsp
Asafoetida:	½ tsp
पानी	200 ml

विधि

आटे के लिए

1. पानी को छोड़कर सभी सामग्री एक बाउल में लें। धीरे-धीरे पानी डालकर नरम आटा गूँथ लें। ढककर 30 मिनट के लिए अलग रख दें।

मूंग की स्टफिंग के लिए

1. मूंग को रात भर पर्याप्त पानी में भिगो दें। रात भर भीगी हुई मूंग को ताजे पानी से धो लें।
2. प्रेशर कुकर में तेल गर्म करें। हींग, जीरा और साबुत लाल मिर्च डालें। जीरे का रंग बदलने तक पकाएँ।
3. मूंग डालें। 5 मिनट तक पकाएँ। हल्दी पाउडर, काली मिर्च पाउडर और नमक डालें। 5 मिनट तक पकाएँ। पानी डालें और धीमी आंच पर 4 सीटी आने तक प्रेशर कुक करें। मूंग की दाल पूरी तरह पक जानी चाहिए।
4. मूंग को मैशर या मूसल से अच्छी तरह मैश कर लीजिए।
5. कुकर को दोबारा गर्म करें और धीमी आंच पर तब तक पकाएँ जब तक कि सारा पानी सूख न जाए और स्टफिंग सूख न जाए। स्टफिंग को कुकर के तले में चिपकने से रोकने के लिए इसे लगातार चलाते रहें।

मूंग लिट्टी के लिए

1. आटे से एक मध्यम आकार की लोई लीजिए। आटे को अपनी हथेली में उंगलियों से दबाकर चपटा कर लीजिये। बीच का हिस्सा थोड़ा मोटा और किनारे पतले रखें।
2. बीच में एक चम्मच मूंग की स्टफिंग भरकर किनारों को सील कर दें और लोई बना लें। लिट्टी को धीरे से दबा कर चपटा कर लीजिये।
3. लिट्टी पर तेल लगा लें। लिट्टी को स्टीमर में 15 मिनिट तक पकाएँ। लिट्टी को प्री हीटेड ओवन में 200 °C पर 10 मिनट तक बेक करें। लिट्टी को पलट कर 10-15 मिनिट तक बेक करें।

चोखे के लिए

1. शकरकंद को भाप में पका लें। टमाटर और उबले हुए शकरकंद को मेटल के रैक पर स्टोव के ऊपर सीधी आंच पर रखें। टमाटर के नरम होने तक सभी तरफ से भून लीजिए। आंच से हटाएँ।
2. टमाटर और शकरकंद का छिलका हटा कर मैश कर लीजिये।
3. कुटा हुआ लहसुन, नमक, कटी हुई हरी मिर्च और हरा धनिया डालें। अच्छी तरह मिलाएँ और मूंग लिट्टी के साथ परोसें।

सफ़ेद ग्रेवी में मेथी मटर

4 व्यक्तियों के लिए | तैयारी का समय: 30 मिनट | पकाने का समय: 50 मिनट | मेन कोर्स (वीकेंड स्पेशल)

सामग्री

ताजी मेथी की पत्तियाँ	200 g	हरी मटर	100 g
प्याज	4 मध्यम	अदरक	1 इंच
लहसुन	10	हरी मिर्च	2-3
ताज़ी दही	200 g	काजू	50 g
मगज	2 tbsp	जीरा	½ tsp
तेज पत्ता	1	हींग	¼ tsp
गरम मसाला	1 tsp	धनिया पाउडर	½ tsp
नमक	स्वादानुसार	पानी	200 ml + आवश्यकतानुसार
घी	1½ tbsp		

विधि

1. मेथी के पत्ते काट लें। इसमें नमक छिड़कें, ढक दें और 15 मिनट के लिए छोड़ दें। मेथी के पत्ते पानी छोड़ेंगे। निचोड़ कर सारा पानी निकाल दें। इस उपाय से मेथी के पत्तों का कड़वापन कम हो जाएगा। मेथी के पानी को फेंके नहीं। इसका इस्तेमाल आटा गूँथने में करें।
2. प्याज, अदरक, लहसुन और हरी मिर्च को एक साथ बारीक पीस लें।
3. काजू और खरबूजे के बीज को 100 मिली गर्म पानी में 15 मिनट के लिए भिगो दें। पानी के साथ ब्लेंड करके एक महीन सफेद पेस्ट बना लें।
4. हरी मटर को नमक डले पानी में 5 मिनट तक उबालें। छानकर पानी निकाल दें और मटर को अलग रख दें।
5. 1 छोटा चम्मच घी गरम करें। मेथी के पत्ते डालें। 8-10 मिनट तक पकाएँ।
6. इसी बीच एक दूसरे पैन में 1 टेबल स्पून घी गर्म करें। हींग, जीरा और तेज पत्ता डालें। एक मिनट के लिए पकाएँ।
7. प्याज का पेस्ट डालें। धीमी आंच पर 15 मिनट के लिए ढककर पकाएँ।
8. काजू-खरबूजे का पेस्ट डालें। धीमी आंच पर 15 मिनट के लिए ढककर पकाएँ।
9. दही को चम्मच से चिकना होने तक फेंटें। आंच धीमी रखें। दही डालें। 5 मिनट तक पकाएँ।
10. गरम मसाला, धनिया पाउडर और नमक डालें। अच्छी तरह से मलाएं। ढककर धीमी आंच पर 10 मिनट तक या ग्रेवी के तेल छोड़ने तक पकाएँ (ग्रेवी के ऊपर तेल की बुंदे दिखेंगी)।
11. 150 मिली पानी डालें (जरुरत हो तो और पानी डालें)। इसे उबाल लें। आंच को धीमा कर दें और मेथी के पत्ते और हरे मटर डालें। अच्छी तरह से मलाएं। धीमी आंच पर 5 मिनट तक पकाएँ। चपाती और चावल के साथ गरम परोसें।

सुझाव

1. ताजी दही ही प्रयोग करें, नहीं तो ग्रेवी खट्टी हो जाएगी। दही का खट्टापन कम करने का दूसरा तरीका है उसे अच्छी तरह पकाना। आप दही को जितनी देर तक पकायेंगे, दही उतनी ही कम खट्टी होगी।
2. दही को हमेशा धीमी आंच पर पकाएँ। तेज आंच पर पकाने से दही फट सकती है।
3. स्वाद के अनुसार पानी की मात्रा कम या ज्यादा करें। ग्रेवी समय के साथ गाढ़ी हो जाती है। अगर आपकी ग्रेवी गाढ़ी हो गई है, तो उसमें 50 मिली-100 मिली गर्म पानी डालकर उबाल लें।

करेला कलौंजी

4 व्यक्तियों के लिए
तैयारी का समय: 30 मिनट
पकाने का समय 30 मिनट
मेन कोर्स
(वीकेंड स्पेशल)

सामग्री

करेला	10 छोटे
सरसों का तेल	1½ tbsp
नमक	स्वादानुसार

भरावन के लिए

लहसुन	1 साबुत बल्ब (22-25 कलियाँ)
पंचफोडन मसाला	1 tbsp
अमचूर पाउडर	¼ tsp
सरसों का तेल	1 tbsp
प्याज	5 मध्यम
अदरक	1 इंच
लाल मिर्च पाउडर	¼ tsp
नमक	स्वादानुसार

विधि

भरावन के लिए

1. प्याज, अदरक और लहसुन को बारीक काट लीजिए।
2. एक पैन में एक बड़ा चम्मच तेल गर्म करें। कटा अदरक और लहसुन डालें। 2 मिनट तक पकाएँ।
3. कटा हुआ प्याज डालें। धीमी आंच पर 10-15 मिनट तक पकाएँ जब तक कि प्याज की सारी नमी खत्म हो जाए और प्याज सूख जाए।
4. पंच फोडन मसाला, नमक, लाल मिर्च और अमचूर पाउडर डालें। 5 मिनट तक पकाएँ। एक तरफ रख दें।

करेला कलौंजी के लिए

1. करेले को अच्छी तरह धोकर गरम और नमकीन पानी में 15 मिनिट के लिये भिगो दीजिये। तौलिये से थपथपा कर सुखा लें। उन्हें छील लें।
2. लम्बाई में एक कट लगाएँ। खाली जेब बनाने के लिए एक छोटे चम्मच से सावधानी से अंदर से बीज हटा दें। करेले में एक चम्मच प्याज का मसाला भरें।
3. भरवाँ करेलों को 5-7 मिनिट तक भाप में पकाएँ, इससे ज्यादा नहीं। यह कदम बहुत महत्वपूर्ण है क्योंकि यह करेले के तेल अवशोषण को 80% कम कर देता है।
4. एक पैन में एक बड़ा चम्मच तेल गर्म करें। 6-7 भरवाँ करेले डालें। ढककर 15 मिनिट तक पकाएँ। करेले को बराबर पकाने के लिए हर 3-4 मिनिट में पलट दीजिए। इन्हें भूरा होने तक पकाएँ।
5. पकने के बाद करेलों को पैन से निकाल लीजिए। एक चम्मच तेल डालकर बाकी बचे हुए भरवाँ करेलों को पकाएँ।
6. छुट्टी के दिन दोपहर में चपाती के साथ करेला कलोजी का आनंद चावल और दाल के साथ लें।

सुझाव: प्याज के मसाले को धीमी आंच पर ही पकाएँ। इसमें अधिक समय लग सकता है, लेकिन यह एक महत्वपूर्ण कदम है। मसाले को धीमी आंच पर ज्यादा देर तक पकाने से इसकी मिठास बढ़ जाती है और स्वाद भी बढ़ जाता है।

नॉन-फ्राइड ओटस भटूरे

4 व्यक्तियों के लिए | तैयारी का समय 10 मिनट | पकाने का समय: 20 मिनट | मेन कोर्स

सामग्री

ओट्स का आटा	300 g	साबुत गेहूँ का आटा	200 g
नमक	स्वादानुसार	बेकिंग पाउडर	½ tsp
दही	250 g/आवश्यकतानुसार	ऑलिव ऑयल	1 tbsp + आवश्यकतानुसार

विधि

1. एक बड़े कटोरे में ओट्स का आटा और साबुत गेहूँ का आटा लें। नमक, बेकिंग पाउडर और तेल डालें। अच्छी तरह से मलाएं।
2. धीरे-धीरे दही डालें और 5-6 मिनट तक गूँथ लें। कुरकुरे भटूरे बनाने के लिए आटा थोड़ा सख्त होना चाहिए। यदि आवश्यक हो तो और दही डालें।
3. आटे को गीले मलमल के कपड़े से ढक दें। इसे 3 घंटे के लिए छोड़ दें।
4. अपनी हथेली को अच्छी तरह तेल से चिकना कर लें। आटे की एक मध्यम आकार की लोई लें और अपनी हथेलियों के बीच गेंद का आकार बनाएं। गेंद को चिकना करें, सुनिश्चित करें कि यह दरार रहित हो। इसे अंडाकार आकार या गोल डिस्क में बेल लें।
5. तवा गरम करें। इसे तेल से चिकना करें और इसके ऊपर भटूरा डालें।
6. पहले एक तरफ से पकाएँ। भटूरे की ऊपरी सतह पर ½ छोटी चम्मच तेल फैला दें। पलट कर दूसरी तरफ से पकाएँ। जब दोनों तरफ भूरे धब्बे दिखाई दें, तो भटूरा तैयार हो गया है। नॉन-फ्राइड ओट्स भटूरे छोले मसाले के साथ खाएँ।

छोले मसाला

4 व्यक्तियों के लिए
तैयारी का समय: 15 मिनट
पकाने का समय 50 मिनट
मेन कोर्स
(वीकेंड स्पेशल)

सामग्री

सूखे छोले	400 g
प्याज	1 मध्यम
पानी	1200 ml
टीबैग	4
नमक	स्वादानुसार

ग्रेवी के लिए

लहसुन	1 बल्ब/25-28 कलियाँ	अदरक	2 इंच
प्याज	6 मध्यम	हींग	1 tsp
जीरा	1 tsp	तेजपत्ता	2
लाल मिर्च पाउडर	½ tsp	हल्दी पाउडर	½ tsp
छोले मसाला	2 tbsp	गरम मसाला	1 tsp
पानी	300 ml	अमचूर पाउडर	1 tsp
सरसों का तेल	2 tbsp	नमक	स्वादानुसार

विधि

1. छोलो को रात भर या कम से कम 8 घंटे के लिए पर्याप्त पानी में भिगो दें।
2. अगले दिन पानी निकाल दें और छोले को अच्छी तरह धो लें।
3. एक प्रेशर कुकर में भीगे हुए छोले, टी बैग्स, नमक, कटा हुआ प्याज (1 मीडियम) और 1200 मिलीलीटर पानी लें। मध्यम आंच पर 5-6 सीटी आने तक प्रेशर कुक करें। इसमें लगभग 15 मिनट लगेंगे। जब आप छोलो को चम्मच से मैश करेंगे तो वह नरम होने चाहिए। अगर छोले सख्त हैं तो इन्हें प्रेशर कुकर में दो और सीटी आने तक पकाएँ।
4. टी बैग्स को निचोड़कर फेंक दें। चने को छान लें और स्टॉक को बाद में उपयोग के लिए रख लें।
5. प्याज, लहसुन और अदरक को एक साथ पीसकर मुलायम पेस्ट बना लें।
6. गरम पैन में सरसों का तेल डालें। इसमें हींग, जीरा और तेज पत्ता डालें और 2 मिनट तक भूनें।
7. तेल में प्याज का पेस्ट डालें। अच्छी तरह मिलाएँ और पैन को ढक्कन से ढक दें। मध्यम-धीमी आंच पर 15 मिनट तक पकाएँ। तेल छोड़ने तक पकाएँ।
8. छोले मसाला, गरम मसाला, हल्दी पाउडर, अमचूर पाउडर, लाल मिर्च पाउडर और नमक डालें। 5 मिनट तक पकाएँ।
9. छोले डालकर अच्छी तरह मिला लें। मसाला मिश्रण छोले पर पूरी तरह लग जाना चाहिए। 5-7 मिनट तक पकाएँ।
10. छोले का स्टॉक और 300 मिलीलीटर पानी डालें। बहुत अधिक पानी न डालें क्योंकि यह स्वाद को फीका कर देगा।
11. इसे उबाल लें। आंच धीमी कर दें। 10 मिनट तक पकाएँ जब तक कि छोले मसाले का स्वाद सोख न लें। ग्रेवी गाढ़ी होनी चाहिए।
12. आपका छोले मसाला खाने के लिए तैयार है। इसे बिना नॉन-फ्राइड ओट्स भटूरे या ब्राउन राइस के साथ खाएँ।

अंजीर काजू कतली

ज़िंक की कमी से डायिबटीज़ हो सकता है। डायिबटीज़ की रोकथाम और प्रबंधन में ज़िंक महत वपूणर भूमिका निभाता है। ऐसा इसिलए है कयोंकि ज़िंक इंसुलिन के उत पादन और स्राव में महत वपूणर भूमिका िनभाता है। ज़िंक प्रतिरक्षा प्रणाली को मज़बूत करता है, यह बीटा कोशिकाओं को नष्ट होने से बचाता है। अध ययनों से पता चलता है कि ज़िंक युक्त खाद्य पदाथर टाइप 1 और टाइप 2 डायिबटीज़ में रक्त शकरा के स तर को कम करने में मदद करते हैं। काजू ज़िंक का एक अच छा स्रोत हैं। यह मिठाई पूरी तरह से काजू पर आधारित है और अन य मिठाइयों की तुलना में इसमें कम मिठास की आवश यकता होती है। मिठास जितनी कम होगी, काजू का स वाद उतना ही ज़ यादा होगा।

200 ग्राम | तैयारी का समय: 20 मिनट | पकाने का समय: 15 मिनट | डेजर्ट

सामग्री

काजू	200 g	सूखे अंजीर	22
पानी	180 ml	घी	चिकना करने के लिए
चाँदी की पत्तियाँ/वर्क	3 or 4		

विधि

1. अंजीर को अच्छी तरह धोकर 180 मिलीलीटर पानी में 2 घंटे के लिए भिगो दें।
2. एक प्रेशर कुकर में पानी के साथ अंजीर को 3-4 सीटी आने तक प्रेशर कुक करें। आंच बंद कर दें। इसे ठंडा होने पर ब्लेंडर में डालकर बारीक पीस लें। ध्यान रखें कि पेस्ट चिकना हो।
3. पेस्ट को मलमल के कपड़े में निकाल लें। अंजीर का चिकना पेस्ट इकट्ठा करने के लिए निचोड़ें। ठोस भाग को फैंक दें। आप चाहें तो आप इसे छलनी से छान सकते हैं।
4. काजू को बारीक पीस लें। एक छलनी से छान लें और मोटे मेवों को फिर से पीसकर बारीक पाउडर बना लें।
5. एक पैन में अंजीर का पेस्ट लें। इसे उबाल लें। इसे तब तक पकाएँ जब तक इसकी मात्रा एक-चौथाई न रह जाए और पानी लगभग उड़ न जाए।
6. जब अंजीर का पेस्ट पैन से अलग होने लगे तो इसमें काजू पाउडर डालें। अच्छे से मिलाएँ और लगातार हिलाते रहें ताकि यह पैन के तले में न लगे। आंच मध्यम रखें।
7. मिश्रण के एकसाथ आने और तेल छोड़ने तक पकाएँ। आप मिश्रण के चारों ओर तेल देखेंगे और यह पैन से अलग होना शुरू हो जाएगा। इस अवस्था तक पहुँचने में लगभग 3-5 मिनट का समय लगता है। आंच बंद कर दें।
8. मिश्रण को किसी अच्छी तरह ग्रीस लगी हुई प्लेट में निकाल लें। इसे 5 मिनट तक ठंडा होने दें। यह गुथे आटे जैसा दिखेगा। अंजीर काजू कतली के आटे को 3 मिनिट तक गूथ लीजिये।
9. आटे को बटर पेपर पर रखें, उसके ऊपर दूसरा बटर पेपर रखें और आटे को बेलन से 3 से 5 मिमी की मोटाई में चपटा कर लें।
10. ऊपर से बटर पेपर हटा दें। जब काजू कतली गर्म हो तभी चांदी का वर्क लगाएँ। अगर अंजीर काजू कतली ठंडी हो गयी है तो इसे घी से चिकना कर लीजिये और चांदी का वर्क लगा दीजिये। डायमंड या चौकोर आकार में काटें। अंजीर काजू कतली को फ्रिज में रखें और 3 दिन के अंदर इसका सेवन करें।

सुझाव:

1. काजू को हाई स्पीड या ज्यादा देर तक न पीसें, नहीं तो यह तेल छोड़ने लगेगा जो इस रेसिपी के लिए सही नहीं है।
2. रेसिपी में बताए गए पानी से ज्यादा पानी न डालें। अंजीर का पेस्ट शुरू में गाढ़ा और कम लग सकता है, लेकिन यह परफेक्ट अंजीर काजू कतली बनाने के लिए पर्याप्त है। अगर आप ज्यादा पानी डालेंगे तो कतली चिपचिपी हो जायेगी और बाद में सूखेगी नहीं और हलवे जैसी दिखेगी।
3. चांदी का वर्क लगाना वैकल्पिक है। परंपरागत रूप से काजू कतली में चांदी का वर्क होता है, लेकिन यह पूरी तरह से वैकल्पिक है। प्रोडक्ट लेबल की जांच जरूर करें। इसमें स्पष्ट रूप से निर्दिष्ट होना चाहिए कि यह 100% शाकाहारी है या सेलर से पुष्टि करें कि सिल्वर वर्क 100% शाकाहारी है या नहीं। जब संदेह हो, तो चांदी के वर्क को पूरी तरह से हटा दें।

लौकी की खीर

4 व्यक्तियों के लिए
तैयारी का समय: 20 मिनट
पकाने का समय: 40 मिनट | डेजर्ट

सामग्री

लौकी	200 g
खजूर	11-13
किशमिश	10
घी	1 tbsp
दूध	1 L
बादाम	8
काजू	8
केसर	5-6 धागे

विधि

1. केसर को 2 बड़े चम्मच गर्म दूध में भिगो कर एक तरफ रख दें।
2. खजूर से बीज निकाल दें। एक चिकना पेस्ट बनाने के लिए 50 मिलीलीटर दूध के साथ मिक्सी में पीस लें। एक तरफ रख दें।
3. लौकी को छीलकर कद्दूकस कर लें (बीज निकाल दें) - एक पैन में घी गर्म करें - कद्दूकस की हुई लौकी डालें और 5-8 मिनट तक पकाएँ। लौकी को अच्छे से पकाएँ नहीं तो दूध फट सकता है।
4. इस बीच, दूसरे पैन में दूध को उबाल लें। दूध को थोड़ा गाढ़ा होने तक मध्यम आंच पर पकाएँ। बीच-बीच में हिलाएँ। पकी हुई लौकी डालें। मध्यम आंच पर 20-25 मिनट तक पकाएँ।
5. इसमें खजूर का पेस्ट, केसर दूध, कटे हुए बादाम, कटे हुए काजू और किशमिश डालें। खीर तुरंत गाढ़ी होने लगेगी। धीमी आंच पर 5 मिनट तक पकाएँ।
6. आंच बंद कर दें। खीर को कमरे के तापमान तक ठंडा होने दें फिर 2-3 घंटे के लिए फ्रिज में रख दें। ठंडी-ठंडी लौकी की खीर का आनंद लें।

6 हाई ब्लड प्रेशर से बचने और इन्हें नियंत्रित करने के लिए खाएँ

ब्लड प्रेशर रक्त वाहिकाओं की दीवारों के विरुद्ध रक्त के बल का माप है। रक्त का दबाव तब बढ़ जाता है जब धमनी की दीवारों के विरुद्ध रक्त का बल बहुत अधिक होता है, और इस स्थिति को हाई ब्लड प्रेशर या हाइपरटेंशन (उच्च रक्तचाप) के रूप में जाना जाता है। हाई ब्लड प्रेशर को रोकने और नियंत्रित करने के लिए आपका आहार उन खाद्य पदार्थों से भरपूर होना चाहिए जिनके निम्नलिखित चिकित्सीय प्रभाव हैं:

- ऐसे खाद्य पदार्थ जिनका डाइयुरेटिक (मूत्रवर्धक) प्रभाव होता है।
- ऐसे खाद्य पदार्थ जिनमें शक्तिशाली वासोडायलेटिंग गुण होते हैं।
- मैग्नीशियम से भरपूर खाद्य पदार्थ क्यों कि मैग्नीशियम एक प्राकृतिक कैल्शियम चैनल ब्लॉकर है।
- पोटैशियम से भरपूर खाद्य पदार्थ क्योंकि पोटैशियम सोडियम के प्रभाव का प्रतिरोधक है।
- ऐसे खाद्य पदार्थ जो आपके शरीर में नाइट्रिक ऑक्साइड के स्तर को उच्च रखते हैं।

उच्च रक्तचाप को रोकने और नियंत्रित करने वाले सुपरफूड्स हैं:

वासोडायलेटर: चुकंदर और लहसुन।

डाइयुरेटिक (मूत्रवर्धक): ककड़ी और नींबू।

मैग्नीशियम युक्त खाद्य पदार्थ: पालक, राजमा, कद्दू के बीज, पिस्ता और शकरकंद।

पोटेशियम युक्त खाद्य पदार्थ: खीरा, शकरकंद, राजमा, केला, पालक और दही।

शरीर में नाइट्रिक ऑक्साइड उत्पादन बढ़ाने वाले खाद्य पदार्थ: चुकंदर, शहद और कद्दू के बीज।

यह चैप्टर आपको अपने आहार में उन सुपरफूड्स को शामिल करने में मदद करती है जो उच्च रक्तचाप को प्रभावी ढंग से रोकने और प्रबंधित करते हैं।

कुकुम्बर जलजीरा

4 व्यक्तियों के लिए | तैयारी का समय: 15 मिनट | पकाने का समय: 5 मिनट | पेय

सामग्री

नींबू का रस	2 tbsp
धनिया पत्ती	30 g
हरी मिर्च	1
अमचूर पाउडर	½ tsp
काला नमक	स्वादानुसार
लौंग	4
पानी	1 L
पुदीने के पत्ते	50 g
अदरक	1½ इंच
जीरा	1 tsp
हींग	½ tsp
काली मिर्च	10
खीरे के टुकड़े	4 tbsp

विधि

1. जीरा, लौंग और काली मिर्च को तब तक भूनें जब तक कि जीरा भूरा न हो जाए। इन्हें ठंडा करके पीस लें।
2. खीरे को बारीक काट लें और बाद के लिए अलग रख दें।
3. खीरे को छोड़कर सारी सामग्री को ब्लेंडर जार में डालें। लगभग 50 मिली - 100 मिली पानी के साथ पीस के सुपर-फाइन पेस्ट बना लें।
4. इस हरे पेस्ट को एक जार में लें और 1 लीटर बनाने के लिए और पानी डालें। खीरे के टुकड़े डालें। इसे 2 घंटे के लिए फ्रिज में रख दें। ठण्डा करके परोसें।

समर फ्रूट पंच

4 व्यक्तियों के लिए
तैयारी का समय: 15 मिनट
पेय

सामग्री

खरबूजा	500 g
संतरा	200 g
शहद	1 tbsp/ स्वादानुसार
अमचूर पाउडर	1 tsp
खीरा	250 g
पुदीने के पत्ते	50 g
नींबू का रस	1 tbsp
बर्फ के टुकड़े	8-10 (ऑप्शनल)

विधि

1. खरबूजा, खीरा, संतरा और पुदीने की पत्तियों को 3-4 घंटे के लिए फ्रिज में ठंडा करें।
2. 4-5 पुदीने की पत्तियां गार्निश करने के लिए रख लें। एक ब्लेंडर में खरबूजा, खीरा, संतरे और बाकी के पुदीने पत्ते, नींबू का रस और शहद डालकर ब्लेंड कर लें।
3. फ्रूट पंच को ग्लास में डालें। इसके ऊपर अमचूर पाउडर छिड़कें। आप चाहें तो हर गिलास में 2-3 बर्फ के टुकड़े डाल सकते हैं। ठंडे और ताज़े समर फ्रूट पंच का आनंद लें।

बनाना चोको मिल्क शेक

4 व्यक्तियों के लिए | तैयारी का समय: 15 मिनट | पेय

सामग्री

केला	4
कोकोआ पाउडर	1 tbsp
पिस्ता	2 tbsp
ठंडा गाय का दूध	800 ml
शहद	1 tbsp (ऑप्शनल)
कद्दू के बीज	1 tbsp

विधि

1. पिस्ते और कद्दू के बीजों को तब तक भूनें जब तक कि उनमें से खुशबू आने लगे और वे हल्के भूरे रंग के हो जाएँ। आंच से उतार लें और मेवों को ठंडा होने दें। उन्हें चाकू से मोटा काट लें या मोर्टार पेस्टल या ग्राइंडर का उपयोग करके उन्हें कूच लें।
2. केले को मोटा-मोटा काट लें। केला, कोको पाउडर और ठंडा दूध मिलाकर एक स्मूद मिल्कशेक बना लें। गिलास में डालें और ज़रूरत हो तो शहद डालें।
3. पिस्ते और कद्दू के बीज डालें। अच्छी तरह मिलाएँ और परोसें।

क्रिस्पी गार्लिकी स्वीट पोटैटो

4 व्यक्तियों के लिए | तैयारी का समय: 15 मिनट | पकाने का समय: 20 मिनट | शाम का नाश्ता

सामग्री

शकरकंद	600 g	सेंधा नमक	स्वादानुसार
कश्मीरी लाल मिर्च पाउडर	1 tbsp	काली मिर्च पाउडर	1 tsp
लहसुन	15-18	तेल	2½ tbsp
कॉर्न फ्लौर	1 tbsp	अमचूर पाउडर	½ tsp

विधि

1. शकरकंद को अच्छी तरह धो लें। उन्हें छीलें या छिलका रहने दें। उन्हें ज़िग-ज़ैग चाकू या साधारण चाकू से मध्यम मोटाई में काटें।शकरकंद को स्टीमर में 5 मिनट तक स्टीम करें, इससे ज्यादा नहीं।
2. मोर्टार पपेस्टल का उपयोग करके लहसुन को बारीक पीस लें। कश्मीरी लाल मिर्च पाउडर, नमक, काली मिर्च पाउडर और तेल डालें। अच्छी तरह से मिलायें।
3. शकरकंद को छलनी में लें। कॉर्न फ्लौर डालें और शकरकंद को समान रूप से कोट करने के लिए टॉस करें। लहसुन मसाला डालें। शकरकंद को मसाले के साथ लेपित होने तक टॉस करें।
4. शकरकंद को 2 बैच में बांट लें। एक बैच को ऑयल लगी बेकिंग डिश पर रखें। सुनिश्चित करें कि वे एक दूसरे को ओवरलैप नहीं करें।
5. अगर आपके ओवन में ग्रिल फंक्शन है, तो शकरकंद को 12 मिनट के लिए ग्रिल करें। इनको पलटें और 3-5 मिनट के लिए फिर से ग्रिल करें।
6. वैकल्पिक रूप से, शकरकंद को 15 मिनट के लिए 200 °C पर पहले से गरम ओवन में बेक करें। समान पकाने के लिए साइड पलटें और 5-10 मिनट के लिए या शकरकंद को किनारों से कुरकुरा और ब्राउन होने तक बेक करें।
7. इन्हें ओवन से निकाल लें। अमचूर छिड़क कर कुरकुरी लहसुनी शकरकंद शिमला मिर्च की चटनी के साथ खाएँ।

सुझाव: शकरकंद को भाप देने से बेकिंग का समय कम हो जाता है और शकरकंद को चीनी छोड़ने से रोकता है। इस तरह से पकाने से शकरकंद और भी सेहतमंद बन जाता है।

मल्टीग्रेन चुकंदर पराठा

4 व्यक्तियों के लिए
तैयारी का समय: 15 मिनट
पकाने का समय 20 मिनट
सुबह का नाश्ता

सामग्री

कद्दूकस किया चुकंदर	150 g
साबुत गेहूँ का आटा	150 g
बेसन	75 g
राजगिरा का आटा	25 g
अदरक-लहसुन का पेस्ट	1 tbsp
गुड़	1 tbsp
गरम मसाला	1½ tsp
हींग	एक चुटकी
कुटे हुए मेथी दाने	1 tsp
दही	2 tbsp (गूंधने के लिए)
कद्दूकस किया लौकी	150 g
ओट्स का आटा	150 g
नमक	स्वादानुसार
धनिया पाउडर	1 tsp
लाल मिर्च पाउडर	1 tsp
हल्दी	½ tsp
तिल	1½ tbsp
ऑलिव ऑयल	1 tbsp+ आवश्यकतानुसार

विधि

1. एक बाउल में सभी सामग्री और एक बड़ा चम्मच ऑलिव ऑयल लें।
2. धीरे-धीरे दही डालकर सख्त आटा गूंद लें।
3. एक आटे की लोई लें, इसे सूखे गेहूँ के आटे में डुबोएं और अतिरिक्त आटे को झाड़ दें। आटे को बेलन से एक सर्कल में रोल करें।
4. मध्यम-तेज आंच पर तवा गरम करें।
5. पराठे को तवे पर रखें। लगभग एक मिनट तक पकायें या तब तक पकायें जब तक कि पराठा कहीं-कहीं से फूलने न लगे।
6. परांठे को पलटें और 3-4 बूंद ऑलिव ऑयल फैलायें। 2 मिनट तक हल्का ब्राउन होने तक पकायें।
7. पराठे को फिर से पलटें और ऊपर से 3-4 बूंद ऑलिव ऑयल डालें, इसे समान रूप से सतह पर फैलायें। परांठे को चपटी करछी से धीरे से दबाएं ताकि पराठा समान रूप से पक जाए।
8. एक बार जब आपको पराठे के दोनों तरफ भूरे रंग के धब्बे दिखाई देने लगें, तो पराठे को एक सर्विंग प्लेट में निकाल लें। आपका पराठा तैयार है। इसी तरह सारे पराठे बना लें।
9. मिक्स्ड वेज रायता के साथ मल्टीग्रेन चुकंदर पराठे का आनंद लें।

मिक्स वेज रायता

4 व्यक्तियों के लिए | तैयारी का समय: 15 मिनट | साइड डिश

सामग्री

दही	400 g	कसा हुआ चुकंदर	2 tbsp
बारीक कटा प्याज	50 g	बारीक कटा टमाटर	50 g
बारीक कटी पत्ता गोभी	50 g	बारीक कटा खीरा	50 g
ब्राउन शुगर	1 tbsp	काला नमक मिक्स	1 tsp/ स्वादानुसार
जीरा पाउडर	1 tbsp	लाल मिर्च पाउडर	½ tsp

विधि

1. दही को चिकना होने तक फेंटें। इसमें चुकंदर को छोड़कर सभी सब्जियाँ मिला लें।
2. दही में काला नमक, ब्राउन शुगर, लाल मिर्च पाउडर और जीरा पाउडर डालकर अच्छी तरह से मिलायें।
3. रायते को आधे घंटे के लिए फ्रिज में रख दें।
4. कद्दूकस किए चुकंदर से गार्निश करें। मल्टीग्रेन चुकंदर पराठे के साथ मिक्स वेज रायता का आनंद लें।

ककड़ी सलाद

4 व्यक्तियों के लिए | तैयारी का समय: 15 मिनट | सलाद

सामग्री

खीरा	1 बड़ा
अंकुरित काले चने	3 tbsp
मूंगफली	2 tbsp
शहद	1 tsp
कटी पुदीना पत्तियां	2 tbsp
धनिया पत्ती	2 tbsp
केला	1
अनार	3 tbsp
लाल मिर्च पाउडर	½ tsp
नींबू का रस	2 tbsp
काला नमक मिक्स	स्वादानुसार

विधि

1. मूंगफली को 2 घंटे के लिए पानी में भिगो दें।
2. केले और खीरे को आधा इंच के क्यूब्स में काट लें।
3. पुदीना और धनिया पत्ती को मोटा-मोटा काट लें।
4. सभी सामग्री को एक बाउल में लें और अच्छी तरह मिला लें। ढककर 15 मिनट के लिए छोड़ दें जब तक कि नींबू का रस सलाद को गीला न कर दे। ककड़ी के सलाद का आनंद लें।

राजमा

4 व्यक्तियों के लिए
तैयारी का समय: 15 मिनट
पकाने का समय: 30 मिनट
मेन कोर्स
(वीकेंड स्पेशल)

सामग्री

राजमा	300 g
टमाटर	4 मध्यम
कटे हुआ लहसुन	1 tbsp
तेज पत्ता	1
गरम मसाला	1½ tbsp
हल्दी पाउडर	½ tsp
नमक	स्वादानुसार
पानी	900 ml
प्याज	4 मध्यम (1+3)
कटे अदरक	1 tbsp
हींग	1 tsp
जीरा	½ tsp
हल्दी पाउडर	1 tsp
लाल मिर्च पाउडर	1 tsp
सरसों का तेल	2 tbsp
धनिया पत्ती	20 g

विधि

1. राजमा रात भर पर्याप्त पानी में भिगो दें।
2. प्याज को लंबाई में काट लें। एक प्याज राजमा पकाने के लिए और बाकी तीन ग्रेवी के लिए रखें।
3. राजमा को एक कटे प्याज, नमक और पानी के साथ 3-4 सीटी आने तक पकायें। जांचें कि राजमा पका है या नहीं, यदि नहीं, तो 2 सीटी के लिए प्रेशर कुक करें।
4. पकी हुई राजमा को छान लें और ग्रेवी के लिए स्टॉक रख लें।
5. एक पैन में सरसों का तेल गर्म करें। तेल के गरम होते ही इसमें तेजपत्ता, हींग और जीरा डाल दें।
6. जब जीरे का रंग बदलने लगे तो इसमें अदरक और लहसुन डालकर मध्यम आंच पर 2 मिनट तक पकायें।
7. प्याज़ डालें और 6-8 मिनट तक प्याज़ के पारदर्शी होने तक पकायें।
8. कटे हुए टमाटर और नमक डालें। अच्छी तरह मिलायें और ढक्कन से ढककर धीमी आंच पर 10 मिनट तक पकायें। बीच-बीच में हिलायें।
9. गरम मसाला, धनिया पाउडर, लाल मिर्च पाउडर, हल्दी पाउडर डालें और अच्छी तरह मिलायें। ढककर धीमी आंच पर 5 मिनट तक पकायें।
10. राजमा डालें और मध्यम आंच पर 5 मिनट तक पकायें।
11. स्टॉक डालकर उबाल लें। 1-2 सीटी आने तक प्रेशर कुक करें।
12. धनिया पत्ती से गार्निश करें और चावल और रोटी के साथ राजमा का आनंद लें।

मिक्स्ड वेज पुलाव

4 व्यक्तियों के लिए
तैयारी का समय: 15 मिनट
पकाने का समय 30 मिनट
मेन कोर्स
(वीकेंड स्पेशल)

सामग्री

बासमती चावल	400 g
पत्ता गोभी	150 g
लौंग	6
दालचीनी	1 इंच
जीरा	1 tsp
तेज पत्ता	1
घी	2 tbsp
मटर	150 g
गाजर	150 g
काली मिर्च	10
हरी इलायची	3
हींग	½ tsp
नमक	स्वादानुसार
पानी	850 ml

विधि

1. चावलों को बहते पानी में धोकर 15 मिनट के लिए भिगो दें।
2. पत्ता गोभी और गाजर को काट लें।
3. लौंग, इलायची, दालचीनी और काली मिर्च को मूसल की मदद से ओखली में पीस लें।
4. प्रेशर कुकर में घी गर्म करें। तेज पत्ता, हींग, जीरा, कुटी हुई लौंग, दालचीनी, इलायची और काली मिर्च डालें। जीरे के रंग बदलने तक पकायें।
5. मटर और नमक डालें, ढक्कन से ढक दें और मटर के नरम होने तक 5 मिनट तक पकायें।
6. गाजर डालकर बिना ढके 5 मिनट तक पकायें। पत्ता गोभी डालकर बिना ढके 5 मिनट तक पकायें।
7. चावल से पानी छान लें और सब्जी के मिश्रण में मिला दें। 6-8 मिनट तक पकायें। चावल को कुकर के तले में चिपकने से बचाने के लिए बीच-बीच में हिलाते रहें। जोर से हिलायें, नहीं तो चावल टूट जाएँगे।
8. पानी डालकर कुकर का ढक्कन बंद कर दें। मध्यम आंच पर 1 सीटी आने तक पकायें। गैस बंद कर दें। 5 मिनट के लिए छोड़ दें और ढक्कन खोल दें। प्रेशर कुकर का ढक्कन अधिक देर तक न रखें। नहीं तो चावल गल जाएँगे।
9. मिक्स्ड वेज पुलाव को ऐसे ही या राजमा या दाल फ्राई के साथ एन्जॉय करें।

पालक वाली दाल फ्राई

4 व्यक्तियों के लिए
तैयारी का समय: 20 मिनट
पकाने का समय 40 मिनट
मेन कोर्स

सामग्री

पालक	200 g
चना दाल	50 g
पानी	650 ml
अरहर दाल	140 g
नमक	स्वादानुसार
हल्दी	½ tsp

तड़के के लिए

अदरक	1 इंच
प्याज	1 मध्यम
गरम मसाला	½ tsp
लाल मिर्च पाउडर	¼ tsp
हींग	½ tsp
पानी	250 ml
लहसुन	6 कलियाँ
टमाटर	1 मध्यम
धनिया पाउडर	½ tsp
जीरा	½ tsp
तेल	1 tbsp

विधि

1. पालक के पत्तों को धोकर काट लें। अरहर और चना दाल को 2-3 बार धोकर 15 मिनट के लिए पानी में भिगो दें।
2. पानी फैंक दें। दाल को 650 मिली ताज़े पानी के साथ प्रेशर कुकर में डालें। इसमें उबाल आने दें। नमक, हल्दी पाउडर और पालक के पत्ते डालें। ढक्कन बंद करें और मध्यम आंच पर 4 सीटी आने तक पकाएँ।
3. एक पैन में तेल गर्म करें। हींग और जीरा डालें। जीरे का रंग बदलने तक पकाएँ। कटा हुआ अदरक और लहसुन डालें और 2 मिनट तक पकाएँ। प्याज़ डालकर 5-7 मिनिट तक पकाएँ। टमाटर और नमक डालें और 5 मिनट तक पकाएँ।
4. गरम मसाला, धनिया पाउडर और लाल मिर्च पाउडर डालें। 10 मिनट के लिए ढककर पकाएँ। मिश्रण को स्पैचुला से मैश कर लें।
5. इसमें दाल डालकर मिलाएँ। 250 मिली पानी डालें, यदि आवश्यकता हो तो और पानी डालें। इसे उबाल लें। धीमी आंच पर 5-10 मिनट तक पकाएँ। चावल के साथ गरम परोसें।

नोट: पालक कम नमक सोखता है, जिससे आपको सामान्य से कम नमक की आवश्यकता होगी, इसलिए नमक उसी अनुसार डालें।

चॉकलेट श्रीखंड

4 व्यक्तियों केलिए | तैयारी का समय: 12 घंटे | डेजटर

सामग्री

ताजा गाढ़ा दही	2 L	कोको पाउडर	2 tbsp
शहद	स्वादानुसार	वनीला एसेंस	½ tsp
डार्क चॉकलेट के टुकड़े	4 tbsp	डार्क चॉकलेट शेव	2 tbsp

विधि

1. गाढ़ी दही को मलमल के कपड़े में बांधकर रात भर या 6-7 घंटे के लिए नल या किसी अन्य जगह पर लटका दें।
2. हंग कर्ड को प्याले में निकाल लें। इसे चिकना बनाने के लिए इसे चम्मच या हैंड ब्लेंडर से ब्लेंड करें।
3. हंग कर्ड में कोकोआ पाउडर, शहद और वनीला एसेंस मिलायें।
4. श्रीखंड को मलमल के कपड़े में लें और श्रीखंड को मसल कर मलमल के कपड़े से पास करें। वैकल्पिक रूप से, श्रीखंड को छलनी से भी छान सकते हैं ताकि यह चिकना हो जाए।
5. चॉकलेट के टुकड़े डालें और अच्छी तरह मिलायें। इसे 3-4 घंटे के लिए फ्रिज में रख दें।
6. श्रीखंड को अलग-अलग प्याले में निकाल लें। चॉकलेट शेविंग्स से सजायें। बाउल को आधे घंटे के लिए फ्रिज में रख दें और लंच के बाद चॉकलेट श्रीखंड का लुत्फ उठायें।

रेड वेलवेट हलवा

4 व्यक्तियों के लिए | तैयारी का समय: 10 मिनट | पकाने का समय: 30 मिनट | डेजर्ट

सामग्री

कसा हुआ चुकंदर	300 g	दूध	500 ml
गुड़	50 g	नारियल का बुरादा	6 tbsp
कटे हुए मिक्स्ड मेवे	2 tbsp	घी	½ tsp

विधि

1. एक पैन में घी गर्म करें। कटे हुए मेवे डालें और तब तक भूनें जब तक कि वे खुशबूदार महक न छोड़ने लगें। लगातार हिलाते रहें नहीं तो मेवे जल जाएँगे। मेवों को निकाल कर अलग रख दें।
2. उसी पैन में दूध डालकर उबाल लें। दूध को थोड़ा गाढ़ा होने तक उबालते रहें (लगभग 5-7 मिनट तेज आंच पर)।
3. दूध में कद्दूकस किया हुआ चुकंदर डालें। आंच को मिडियम-हाई रखें और इसे 15 से 20 मिनट तक पकने दें। इसे लगातार चलाते रहें ताकि यह पैन के तले में न चिपके।
4. जब दूध लगभग 90% तक कम हो जाए तो यह गीले घोल की तरह दिखेगा। इस अवस्था में गुड़ और सूखा नारियल डालें।
5. 5 मिनट तक पकाएँ जब तक कि चुकंदर सारा दूध सोख न ले और पैन छोड़ना शुरू न कर दे। गैस बंद कर दें। सारे मेवे डालकर अच्छी तरह मिलाएँ।
6. गरम परोसें या फ्रिज में 3 घंटे के लिए ठंडा करें और रेड वेलवेट हलवे का आनंद लें।

7 आर्थराइटिस से बचने और इन्हें नियंत्रित करने के लिए खाएँ

आर्थराइटिस एक जोड़ों का विकार है जिसमें सूजन के साथ अकड़न और जोड़ों में दर्द होता है। आर्थराइटिस से बचने और नियंत्रित करने के लिए आपका आहार ऐसे खाद्य पदार्थों से भरपूर होना चाहिए जिनमें निम्नलिखित गतिविधियाँ हों:

- खाद्य पदार्थ जो सूजन को कम करते हैं।
- ऐसे खाद्य पदार्थ जिनमें शक्तिशाली एंटीऑक्सीडेंट गुण होते हैं।
- खाद्य पदार्थ जो प्रतिरक्षा गतिविधि को व्यवस्थित करते हैं।
- खाद्य पदार्थ जो आंत के माइक्रोबायोम को संतुलित करते हैं।

यह चैप्टर आपको अपने आहार में उन सुपरफूड्स को शामिल करने में मदद करती है जिनके चिकित्सीय प्रभाव होते हैं, जिससे आर्थराइटिस की स्थिति को प्रभावी ढंग से रोकने और प्रबंधित करने में मदद मिलती है।

आर्थराइटिस को रोकने और नियंत्रित करने वाले सुपरफूड हैं:

- खाद्य पदार्थ जो अपने सूजनरोधी और एंटीऑक्सीडेंट गुणों के माध्यम से शरीर में सूजन को कम करते हैं: हल्दी, कुलथी, अखरोट, मशरूम और मुलेठी।
- ओमेगा-3 फैटी एसिड से भरपूर खाद्य पदार्थ: अलसी, चिया सीड और सोयाबीन।
- कैल्शियम से भरपूर खाद्य पदार्थ: चिया सीड, तिल और सोयाबीन।
- विटामिन K से भरपूर खाद्य पदार्थ: सोयाबीन, पत्तागोभी, और मेवे।
- प्री-बायोटिक्स खाद्य पदार्थ जो अच्छे बैक्टीरिया को बढ़ाते हैं और आंत में सूजन पैदा करने वाले बैक्टीरिया को बाहर निकालते हैं: ओट्स, लहसुन, प्याज, सोयाबीन, अलसी, बादाम और कोको पाउडर।

नोट:

1. हालाँकि सोयाबीन में ओमेगा-3 फैटी एसिड, विटामिन क और कैल्शियम उच्च मात्रा में होते हैं, जो हड्डियों के स्वास्थ्य के लिए महत्वपूर्ण हैं, लेकिन इनमें ओमेगा-6 फैटी एसिड भी अधिक होता है जिसका अधिक मात्रा में सेवन करने पर शरीर में इन्फ्लेमेशन बढ़ता है। इसलिए सोयाबीन का सेवन कम मात्रा में करें।
2. बहुत अधिक मुलेठी न खाएँ, खासकर यदि आपका रक्तचाप पहले से ही बढ़ा हुआ है। अधिक मात्रा में मुलेठी रक्तचाप बढ़ा सकती है।

मुलेठी हबरल चाय

4 व्यक्तियों के लिए | तैयारी का समय: 5 मिनट | पकाने का समय: 15 मिनट | पेय

सामग्री

मुलेठी	2 इंच	अश्वगंधा	2 इंच
दालचीनी	1 इंच	काली मिर्च	8
अदरक	1½ इंच	पानी	800 ml

विधि

1. अदरक, दालचीनी और काली मिर्च को मूसल की सहायता से कूच लें।
2. पानी में कुचली हुई जड़ी-बूटियाँ, मुलेठी और अश्वगंधा डालें।
3. इसे उबाल लें। मध्यम आंच पर 10 मिनट तक धीमी आंच पर पकाएँ जब तक कि पानी 600 मिलीलीटर तक कम न हो जाए।
4. चाय को छान लें। चाय को मीठा बनाने के लिए मुलेठी ही काफी है। इसमें कोई स्वीटनर मिलाने की जरूरत नहीं है। गर्म मुलेठी हर्बल चाय पियें।

सौंफ चिया मिल्क शेक

4 व्यक्तियों के लिए | तैयारी का समय: 30 मिनट | पकाने का समय: 10 मिनट | पेय

सामग्री

स्किम्ड दूध	1 L	सौंफ़	5 tbsp
शहद	आवश्यकतानुसार	बादाम	100 g
पानी	80 ml	चिया सीड्स	2 tbsp

विधि

1. चिया सीड्स को 80 मिलीलीटर पानी में रात भर या कम से कम 4 घंटे के लिए भिगो दें।
2. बादाम को आधे घंटे के लिए गर्म पानी में भिगो दें। छिलका हटा दें और गाढ़ी क्रीम बनाने के लिए इसे दूध (लगभग 40 मिली-60 मिली) के साथ ब्लेंड करें। क्रीम को जमने के लिए 2 घंटे के लिए फ्रिज में रख दें।
3. सौंफ को अच्छी तरह धो लें। 20 मिनट के लिए किचन टॉवल पर सुखाएँ। सौंफ को बारीक पीस लें।
4. दूध को उबाल लें। आंच धीमी कर दें। सौंफ़ पाउडर डालें और 5 मिनट तक धीमी आंच पर पकाएँ।
5. आंच बंद कर दें और इसे ठंडा होने दें। दूध को छान लें। शहद डालें, अच्छी तरह मिलाएँ और रेफ्रिजरेटर में 2 घंटे के लिए ठंडा करें।
6. बादाम क्रीम को अलग-अलग गिलासों में डालें। एक चम्मच भीगे हुए चिया डालें। सौंफ का दूध डालें और ताज़ा सौंफ़ चिया मिल्क शेक का आनंद लें।

ग्रिल्ड मशरूम

4 व्यक्तियों के लिए | तैयारी का समय: 10 मिनट | पकाने का समय: 15 मिनट | स्नैक

सामग्री

मशरूम	600 g	काली मिर्च पाउडर	1 tsp
लाल मिर्च पाउडर	¼ tsp	एक्स्ट्रा वर्जिन ऑलिव ऑयल	2 ½ tbsp
नमक	स्वादानुसार		

विधि

1. मशरूम को अच्छी तरह धोकर आधा इंच के टुकड़ों में काट लें। नमक, लाल मिर्च पाउडर और काली मिर्च पाउडर छिड़कें।
2. तेल डालें और अच्छी तरह मिलाएँ। बेकिंग ट्रे पर मशरूम के टुकड़े फैलाएं। ध्यान रखें कि वे एक-दूसरे पर ओवरलैप न करें। यदि मात्रा अधिक है, तो 2 बैचों में ग्रिल/बेक करें।
3. यदि आपके ओवन में ग्रिल फ़ंक्शन है तो मशरूम को 2 बैचों में 15 मिनट के लिए ग्रिल करें। वैकल्पिक रूप से, पहले से प्री-हीटेड ओवन में 180°C पर 15 मिनट तक बेक करें।

ओटस अखरोट नमकीन

300 g के लिए
तैयारी का समय: 10 मिनट
पकाने का समय: 20 मिनट
स्नैक

सामग्री

रोल्ड ओट्स	200 g
नारियल का बुरादा	25 g
सौंफ़	1 tbsp
तिल	2 tbsp
बादाम	12
कद्दू के बीज	2 tbsp
हींग	1 tsp
हल्दी पाउडर	1 tsp
कश्मीरी लाल मिर्च पाउडर	1 tbsp
नमक	स्वादानुसार
अखरोट	40 g
खड़ा धनिया	1 tbsp
करी पत्ता	20-25
मूंगफली	35 g
पिस्ता	10
किशमिश	2 tbsp
गरम मसाला	½ tsp
ब्राउन शुगर	1 ½ tbsp
अमचूर पाउडर	1 tsp

विधि

1. सौंफ, धनिये के बीज और नारियल के भूरे को तब तक सूखा भूनिये जब तक उनमें से खुशबू न आने लगे। इन्हें मिक्सर ग्राइंडर में दरदरा पीस लें। मसाला को बाद में उपयोग के लिए रख लीजिये।
2. ओट्स को तब तक सूखा भूनिये जब तक उनका रंग न बदलने लगे। आंच से हटाएँ।
3. अखरोट, बादाम और पिस्ता को काट लें।
4. एक पैन में तेल गर्म करें। गर्म तेल में हींग, तिल डालें और एक मिनट तक पकाएँ।
5. करी पत्ता और मूंगफली डालें। 5 मिनिट तक भुने।
6. इसमें एक-एक करके बादाम, पिस्ता, कद्दू के बीज, अखरोट और किशमिश डालें। इन्हें हल्का भूरा होने तक भून लीजिए।
7. हल्दी पाउडर, मिर्च पाउडर, नमक, गरम मसाला और अमचूर पाउडर डालें। एक मिनट तक पकाएँ।
8. भुने हुए ओट्स डालें। अच्छी तरह से मलाएं।
9. तैयार मसाला और ब्राउन शुगर डालें। अच्छी तरह से मलाएं।
10. आंच बंद कर दें और ओट्स अखरोट नमकीन को पूरी तरह ठंडा होने तक पैन में ही छोड़ दें।
11. शाम की चाय के साथ ओट्स अखरोट नमकीन का आनंद लें। नमकीन को एक एयरटाइट कंटेनर में 15 दिनों तक स्टोर करें।

फ्लैक्स सीड स्प्रेड

110 g के लिए | तैयारी का समय: 10 मिनट | पकाने का समय: 10 मिनट | स्प्रेड

सामग्री

अलसी	30 g	तिल	30 g
लहसुन	15-18	सूखी लाल मिर्च	2
जीरा	3 tsp	नींबू का रस	3 tsp
एक्स्ट्रा वर्जिन ऑलिव ऑयल	1 tsp	नमक	स्वादानुसार
पानी	60 ml		

विधि

1. अलसी को धीमी आंच पर तब तक भूनें जब तक कि अलसी थोड़े भूरे और थोड़े फूले हुए न हो जाएँ। आंच से हटाएँ। तिल, जीरा और लाल मिर्च को हल्का सा रंग बदलने तक भून लें। इन्हें जलने से बचाने के लिए इसे लगातार चम्मच से हिलाते रहें।
2. ऑलिव ऑयल को छोड़कर सभी सामग्री को एक साथ पीसकर सुपरफाइन स्प्रेड बना लें। एक्स्ट्रा वरजिन ऑलिव ऑयल डालकर मिलाएँ।
3. टोस्ट पर अलसी स्प्रेड फैलाएँ या डिप के रूप में उपयोग करें या चटनी के रूप में परोसें। इसे फ्रिज में 3 दिन तक स्टोर कर सकते हैं।

सुझाव: अलसी के विशिष्ट स्वाद को कम करने के लिए अलसी को सही तरीके से भूनना एक महत्वपूर्ण कदम है। अगर अलसी अच्छे से नहीं भुनी है तो स्प्रेड का स्वाद कड़वा होगा। इसलिए इन्हें हल्का सा फूलने तक भून लीजिए।

मशरूम और अखरोट का सूप

4 व्यक्तियों के लिए | तैयारी का समय: 5 मिनट | पकाने का समय: 20 मिनट | स्टार्टर

सामग्री

कटे मशरूम	500 g
लहसुन	16-20
प्याज	2 मध्यम
लौंग	4
काली मिर्च पाउडर	½ tsp
दही	2 tbsp
तिल का तेल	2 tbsp
अखरोट	20
अदरक	1½ इंच
तिल	1 tbsp
गरम मसाला	¼-½ tsp
सेंधा नमक	स्वादानुसार
पानी	1500 ml

विधि

1. एक पैन में तिल का तेल गर्म करें। इसमें अखरोट मिलाएँ। 5 मिनट तक या रंग बदलने तक भुने। अखरोट को आंच से उतार लीजिये।
2. अखरोट को मूसल की सहायता से दरदरा पीस लीजिए। वैकल्पिक रूप से, पल्स मोड में 1 या 2 बार पीसें। अखरोट को बारीक पीसकर पाउडर न बनायें, इससे अखरोट कड़वा हो जायेगा। एक तरफ रख दें।
3. उसी तेल में तिल और लौंग डालें। जब यह चटकने लगे तो इसमें कटा हुआ अदरक और लहसुन डालें और 2 मिनट तक पकाएँ।
4. इसमें कटा हुआ प्याज डालकर 10 मिनट तक पकाएँ।
5. कटे हुए मशरूम डालें। 5 मिनट तक पकाएँ। बीच-बीच में हिलाएँ। सेंधा नमक और काली मिर्च पाउडर डालें। अच्छी तरह मिलाएँ और 10 मिनट तक पकाएँ। सजावट के लिए मशरूम के 10 टुकड़े निकाल लीजिए।
6. 250 मिलीलीटर पानी डालकर उबालें। धीमी आंच पर 5 मिनट तक पकाएँ।
7. जब पानी थोड़ा कम हो जाए तो 250 मिलीलीटर पानी और डालें। इसे उबालें। धीमी आंच पर 5 मिनट तक पकाएँ।
8. आंच धीमी कर दें और दही डालें। 2-3 मिनट तक पकाएँ।
9. 250 मिलीलीटर पानी और डालें। इसे उबाल लें, फिर धीमी आंच पर 5 मिनट तक या सूप के गाढ़ा होने तक पकाएँ।
10. ¼ छोटा चम्मच गरम मसाला डालें। 250 मिलीलीटर पानी डालें और स्टेप 9 दोहराएं।
11. आंच बंद कर दें। सूप को ठंडा करें और ब्लेंडर में पीसकर मुलायम सूप बना लें। यदि आवश्यक हो तो मिश्रण करते समय 250 से 300 मिलीलीटर पानी डालें।
12. सूप गरम करें। अगर सूप गाढ़ा लगे तो 200 मिलीलीटर पानी मिला लें। चखें और यदि आवश्यक हो तो ¼ छोटा चम्मच गरम मसाला डालें। इसे उबालें। धीमी आंच पर 5 मिनट तक पकाएँ।
13. आंच बंद कर दें। सूप को अलग-अलग सूप के बाउल में डालें। मशरूम के टुकड़े और कुत्ते हुए अखरोट डालें। मिलायें और गर्मागर्म परोसें।

सुझाव:

1. सूप को स्वाद से भरपूर बनाने के लिए इसमें धीरे-धीरे पानी मिलाना जरूरी है। एक बार में सारा पानी मिलाने से सूप पतला और फीका हो जाएगा।
2. इस सूप के लिए कुल 1500 मिली पानी का इस्तेमाल हुआ है। आपके पानी की मात्रा 1300 मिली से 1600 मिली तक हो सकती है। इसलिए धीरे-धीरे और आवश्यकतानुसार पानी डालें।
3. समय के साथ, सूप गाढ़ा और तेज़ स्वाद वाला हो जाता है। यदि आप सूप को बाद के लिए संग्रहित कर रहे हैं, तो परोसने से पहले 200 मिलीलीटर पानी डालें, मसाला आवश्यकतानुसार कम या ज्यादा करें और उबाल लें।

झटपट हल्दी का अचार

150 ग्राम के लिए
तैयारी का समय: 15 मिनट
अचार

सामग्री

ताजी हल्दी	150 g
कटा हुआ नींबू	2
काला नमक मिक्स	1 tbsp
काली मिर्च पाउडर	½ tsp
नींबू का रस/ आँवला का रस	2 tbsp
हींग	½ tsp
जीरा पाउडर	½ tbsp
सरसों का तेल	2 tbsp

विधि

1. हल्दी को अच्छी तरह धो लें। छिलके छिल दें। इन्हें बारीक काट लें।
2. हींग, काला नमक मिक्स, जीरा पाउडर, काली मिर्च पाउडर, सरसों का तेल और कटे नींबू डालें।
3. नींबू का रस या आँवले का रस डालें। अच्छी तरह मिलाएँ।
4. मिश्रण को एक साफ और सूखे कांच के जार में भरें। जार को मलमल के कपड़े से ढककर दो दिन तक धूप में रखें।
5. दो दिन बाद हल्दी का अचार खाने के लिए तैयार है। हल्दी के अचार को आप 1 हफ्ते तक फ्रिज में स्टोर करके रख सकते हैं।

कुलथी की सूखी सब्जी

4 व्यक्तियों के लिए | तैयारी का समय: 10 मिनट | पकाने का समय: 30 मिनट | साइड डिश

सामग्री

कुलथी	200 g	जीरा	½ tsp
हींग	½ tsp	प्याज	1 मध्यम
मेथी दाना पाउडर	½ tsp	अदरक-लहसुन	1 tbsp
टमाटर	1 मध्यम	धनिया पाउडर	1 tsp
हरी मिर्च	2	जीरा पाउडर	½ tsp
गरम मसाला	¼ tsp	तेज पत्ता	1
राई	½ tsp	तेल	1 tbsp
पानी	200 ml	हल्दी पाउडर	½ tsp

विधि

1. कुलथी को रात भर भिगो दें। कुलथी को 200 मिलीलीटर पानी के साथ 6 सीटी आने तक प्रेशर कुक करें।
2. प्याज, अदरक, लहसुन और हरी मिर्च को लगभग 2 बड़े चम्मच पानी के साथ पीसकर गाढ़ा पेस्ट बना लें। टमाटरों को अलग से पीस लीजिये।
3. एक पैन में तेल गर्म करें। हींग, तेजपत्ता, राई और जीरा डालें। 2 मिनट तक पकाएँ। प्याज का पेस्ट डालें। 7 मिनट तक पकाएँ।
4. टमाटर और नमक डालें। 5 मिनट तक पकाएँ। मेथी दाना पाउडर, गरम मसाला, हल्दी पाउडर, जीरा पाउडर और धनिया पाउडर डालें। 5-7 मिनट तक पकाएँ।
5. स्टॉक और नमक के साथ कुलथी दाल डालें। अच्छी तरह से मलाएं। यदि आवश्यक हो तो और पानी डालें। ढककर धीमी आंच पर 15 मिनट तक पकाएँ। ताजी हरी धनिया से सजाकर परोसें।

सोयाबीन की ग्रेवी सब्जी

4 व्यक्तियों के लिए
तैयारी का समय: 10 मिनट
पकाने का समय: 45 मिनट | मेन कोर्स

विधि

1. सोयाबीन को रात भर पयारत्न पानी में भिगो दें। सोयाबीन को धोकर नमक और 450 मिलीलीटर पानी के साथ 5-7 सीटी आने तक प्रेशर कुक करें।
2. सोयाबीन को छान लें। बाद में उपयोग के लिए छना पानी (स्टॉक) रखें।
3. प्रेशर कुकर में तेल गर्म करें। हींग, जीरा, तेजपत्ता और लौंग डालें। एक मिनट तक पकाएँ।
4. कटा हुआ अदरक और लहसुन डालें। 2 मिनट तक पकाएँ। कटा हुआ प्याज डालें।10 मिनट तक या प्याज के नरम होने तक पकाएँ।
5. कटे हुए टमाटर डालें। नमक डालें, अच्छी तरह मिलाएँ और 5 मिनट तक पकाएँ।
6. हल्दी पाउडर, गरम मसाला, धनिया पाउडर और लाल मिर्च पाउडर डालें। अच्छी तरह से मलाएं। ढककर धीमी आंच पर 10 मिनट तक पकाएँ जब तक कि मिश्रण तेल न छोड़ने लगे।
7. सोयाबीन डालें। अच्छी तरह से मलाएं। 5-7 मिनट तक पकाएँ। स्टॉक डालें और 2 सीटी आने तक प्रेशर कुक करें।
8. ताजी हरी धनिया से सजाएँ। इसका आनंद चपाती और चावल के साथ लें।

सामग्री

सोयाबीन	300 g
प्याज	4 मध्यम
टमाटर	3 मध्यम
अदरक	1½ इंच
लहसुन	10
तेजपत्ता	1
लौंग	3
जीरा	½ tsp
हींग	1 tsp
गरम मसाला	1 tsp
हल्दी पाउडर	½ tsp
धनिया पाउडर	1 tsp
लाल मिर्च पाउडर	1 tsp
नमक	स्वादानुसार
पानी	450 ml

शाही कुलथी दाल फ्राई

4 व्यक्तियों के लिए | तैयारी का समय: 10 मिनट | पकाने का समय: 30 मिनट | मेन कोर्स

सामग्री

कुलथी	250 g	लहसुन	8-10
अदरक	1½ इंच	प्याज	3 मध्यम
टमाटर	3 मध्यम	हींग	¼ tsp
जीरा	½ tsp	तेज पत्ता	1
हल्दी पाउडर	½ tsp	गरम मसाला	½ tsp
धनिया पाउडर	½ tsp	पानी	800 ml
कश्मीरी लाल मिर्च पाउडर	½ tsp	नमक	स्वादानुसार

विधि

1. कुलथी को रात भर भिगो दें। रात भर भीगी हुई कुलथी को ताजे पानी से धोएं और 500 मिलीलीटर पानी, नमक और हल्दी पाउडर के साथ धीमी-मध्यम आंच पर 4 सीटी आने तक प्रेशर कुक करें।
2. एक पैन में तेल गर्म करें। हींग, तेजपत्ता और जीरा डालें। एक मिनट तक पकाएँ। कटा हुआ अदरक और लहसुन डालें। एक मिनट तक पकाएँ।
3. कटा हुआ प्याज डालें। 10 मिनट तक पकाएँ। कटे हुए टमाटर और नमक डालें। ढककर 10 मिनिट तक पकाइये।
4. गरम मसाला, धनिया पाउडर, लाल मिर्च पाउडर और हल्दी पाउडर डालें। अच्छी तरह से मलाएं। ढककर 5 मिनिट तक पकाइये।
5. स्टॉक के साथ कुलथी दाल डालें और अच्छी तरह मिलाएँ। इसमें 300 मिलीलीटर पानी और डालें और उबाल लें। 30% दाल फ्राई को मैशर से मैश कर लीजिये। मध्यम आंच पर 5 मिनट तक पकाएँ। आंच बंद कर दें। तड़का लगाएँ।

पत्तागोभी ड्राई फ्रूट रोल

18 रोल्स के लिए
तैयारी का समय: 20 मिनट
पकाने का समय: 40 मिनट | डेजर्ट

सामग्री

ताजी पत्तागोभी	1 बड़ा
गुड़	80 g - 100 g
लौंग	3
पानी	500 ml
मुलेठी	2 इंच

भरावन के लिए

नारियल का बुरादा	60 g	खजूर	15 - 17
अखरोट	4	बादाम	10
काजू	10	पिस्ते	10
कद्दू के बीज	1 tbsp	खरबूजे के बीज	1 tbsp
सेंधा नमक	एक चुटकी	घी	½ tsp

विधि

भरावन के लिए

1. खजूर से बीज निकाल दीजिये। खजूर को मैशर से मैश करके चिकना कर लीजिए। यदि खजूर पर्याप्त नरम नहीं हैं, तो उन्हें मूसल से कूटकर चिकना कर लें।
2. सभी मेवों को काट लें। एक पैन में घी गरम करें और उसमें सभी मेवे और बीज डालें। मेवों को हल्का भूरा होने तक भूनिये। नारियल का भूरा डालें। 3-4 मिनट तक पकाएँ।
3. खजूर और एक चुटकी सेंधा नमक डालें। अच्छी तरह से मलाएं। 2-3 मिनट तक पकाएँ जब तक कि खजूर गर्म और नरम न हो जाएँ और सभी सामग्री मिल न जाए। आंच बंद कर दें और इसे 5 मिनट तक ठंडा होने दें।
4. अपनी हथेली को चिकना कर लें। जब भरावन संभालने लायक ठंडा हो जाए तो छोटे-छोटे लड्डू बना लें। लड्डुओं को सही आकार में होना जरूरी नहीं है और आसानी से बेलने के लिए उनका आकार

पत्तागोभी रोल के लिए

1. पत्तागोभी को अच्छी तरह धो लें। पत्तियों की पहली कठोर परत हटा दें। पत्तागोभी के निचले हिस्से में चौड़ाई में कट लगाएँ और पत्तागोभी के पत्तों को सावधानी से निकाल लें। पत्तागोभी के 9 पत्ते इकट्ठा करने के लिए इस चरण दोहराएँ।
2. एक पैन में गुड़, मुलेठी, लौंग और पानी डालें। इसे उबाल लें। 3-4 मिनट तक धीमी आंच पर पकाएँ।
3. जब चाशनी थोड़ी गाढ़ी होने लगे तो उसमें पत्तागोभी के पत्ते डालें। एक बार में 1 या 2 पत्ते डालें। आंच को मध्यम-तेज़ रखें और 5-8 मिनट तक पकाएँ जब तक कि पत्तागोभी नरम न हो जाए। गोभी को चाशनी से निकाल लीजिये।
4. सभी पत्तागोभी के पत्तों के लिए प्रक्रिया को दोहराएं। आंच बंद कर दें। पत्तागोभी को 2-3 मिनट तक हवा में सूखने दें।
5. पत्तागोभी के पत्तों को दो हिस्सों में सीधा काट लीजिए।अगर पत्तियां बहुत बड़ी हैं तो उन्हें 3 टुकड़ों में काट लें।
6. पत्तागोभी के एक सिरे पर एक लड्डू रखें। गोभी को रोल करें। सिरों को सील करने की जरूरत नहीं है, जब पत्तागोभी सूख जाएगी तो सिरे अपने आप आपस में चिपक जाएँगे।
7. सारे पत्ता गोभी के रोल बना लीजिये। दो घंटे के लिए फ्रिज में रखें और परोसें।

अखरोट चोको चिया पुडिंग

4 व्यक्तियों के लिए | तैयारी का समय: 40 मिनट | पकाने का समय: 10 मिनट | डेजर्ट

सामग्री

चिया सीड्स	10 tbsp
रात भर भीगे हुए अखरोट	10
शहद	2 tbsp/ स्वादानुसार
दालचीनी	2 इंच
काजू	100 g
सूखे भुने हुए अखरोट	2 tbsp
दूध	1 L
कोको पाउडर	3 tbsp
मुलेठी	2 इंच
जायफल	½ छोटा
पानी	50 ml
चॉकलेट शेविंग	4 tbsp

विधि

1. काजू को 50 मिलीलीटर गर्म पानी में 15 मिनट के लिए भिगो दें। एक चिकनी क्रीम बनाने के लिए काजू को पानी के साथ ब्लेंडर में ब्लेंड करें। क्रीम को सेट करने के लिए 2 घंटे के लिए फ्रिज में रखें।
2. दूध में कोको पाउडर, दालचीनी, जायफल और मुलेठी मिलाएँ। इसे उबाल लें। धीमी आंच पर 5-7 मिनट तक पकाएँ। आंच बंद कर दें। इसे ढककर 10 मिनट तक ठंडा होने दें।
3. दालचीनी, जायफल और मुलेठी को हटा दें। रात भर भीगे हुए अखरोट डालें और चिकना होने तक ब्लेंड करें। फ्लेवर्ड मिल्क को प्याले में निकाल लीजिए। चिया सीड्स, शहद डालें और अच्छी तरह मिलाएँ। चिया सीड्स को फूलने के लिए 20 मिनट के लिए छोड़ दें।
4. फिर से मिलाएँ और गांठो को तोड़ लें। पुडिंग को अलग-अलग जार में डालें। रात भर या कम से कम 5-6 घंटे के लिए रेफ्रिजरेटर में ठंडा करें।
5. ऊपर से काजू क्रीम, चॉकलेट शेविंग्स, भुने हुए अखरोट डालें और परोसें।

अलसी के लड्डू

25 लड्डू बनाने के लिए | तैयारी का समय: 30 मिनिट | पकाने का समय: 20 मिनिट | मीठा

सामग्री

अलसी	500 g	गाय का घी	2 tbsp
कटे अखरोट	100 g	कटे बादाम	100 g
गुड़	250 g	गोंद	100 g

विधि

1. अलसी को धीमी आंच पर रंग बदलने तक भून लें। भुने हुए अलसी को ठंडा होने दें और मिक्सी में पीस लें। गुड़ को कद्दूकस करके एक तरफ रख दें।
2. एक पैन में घी गर्म करें। गोंद को घी में फूलने तक पकाएँ। गोंद को घी से निकाल लें। इसे ठंडा होने दें और इसे मूसल या अपने हाथ से तोड़ लें।
3. बचे हुए घी में मेवे डालें। इन्हें ब्राउन होने तक भून लें। मेवे निकाल कर उसी घी में कद्दूकस किया हुआ गुड़ डालें।
4. गुड़ के पिघलने तक 3-5 मिनट तक पकाएँ। आंच को तुरंत बंद कर दें। गुड़ घुलने के बाद न पकाएँ, नहीं तो लड्डू में बहुत कड़े बनेंगे।
5. अलसी, मेवे और गोंद डालें। अच्छी तरह से मलाएं। मिश्रण के गरम रहते ही हाथ से गोल लड्डू बना लें। अगर लड्डू अच्छी तरह से नहीं बंध रहे हैं तो मिश्रण को 2 मिनिट के लिए गरम करें।
6. अलसी के लड्डू का आनंद लें। बचे हुए लड्डुओं को फ्रिज में रख दें और दो हफ्ते के अंदर इनका सेवन कर लें।

8 झटपट स्वस्थ व्यंजन

गाजर-मूली का झटपट अचार

सामग्री

गाजर	100 g	पंच फोडन मसाला	1 tbsp
मूली	100 g	सेब का सिरका:	½ tbsp
नमक	स्वादानुसार	सरसों का तेल	1 tsp

विधि: गाजर और मूली को अच्छी तरह धोकर छीलकर काट लें। पंच फोडन मसाला, सरसों का तेल, नमक और सेब क: सिरका डालकर अच्छी तरह मिलाएँ। दाल-चावल के साथ खाएँ।

हरे लहसुन का अचार

सामग्री

हरे लहसुन	100 g	हरी मिर्च	2
अदरक	2 इंच	सरसों का तेल	1 tsp
नमक	स्वादानुसार		

विधि: हरे लहसुन और हरी मिर्च को काट कर ओखल में मूसल से पीस लें। इसी तरह अदरक को ओखली में मूसल से पीस लें। पिसे हुए अदरक को हरे लहसुन और मिर्च के साथ मिलाएँ। सरसों का तेल और स्वादानुसार नमक डालें और अच्छी तरह मिलाएँ।

पाचक चूर्ण

सामग्री

अजवायन	1 tsp	मेथी दाना	1 tsp
काला नमक	स्वादानुसार	हींग	½ tsp

विधि: अजवायन, मेथी दाना और हींग को सूखा भून लीजिए। इन्हें ठंडा करके पीस लें। काला नमक डालें और अच्छी तरह मिलाएँ। डकार और पेट फूलने पर आधा चम्मच चूर्ण लें।

कच्चे पपीते की चटनी

सामग्री

कच्चा पपीता:	100 g	कश्मीरी लाल मिर्च पाउडर	1 tsp
धनिया पाउडर	½ tsp	एक्स्ट्रा वर्जिन ऑलिव ऑयल	1 tbsp
ब्राउन शुगर	1 tbsp	नमक	स्वादानुसार

विधि

1. कच्चे पपीते को छीलकर कददूकस कर लें।
2. नमक, कश्मीरी लाल मिर्च पाउडर, ब्राउन शुगर, धनिया पाउडर और एक्स्ट्रा वर्जिन ऑलिव ऑयल डालें। अच्छी तरह मिलाएँ। 15 मिनट के लिए ढककर रख दें। कच्चे पपीते की चटनी खाने के लिए तैयार है।

आर्थराइटिस चूर्ण

सामग्री

अजवायन	50 g	मेथी दाना	25 g
शाहजीरा	5 g		

विधि: अजवायन, मेथी दाना और शाहजीरा को सूखा भून लें। इन्हें पीसकर मोटा पाउडर बना लें। इस चूर्ण का आधा चम्मच रात को गुनगुने पानी के साथ लें।

पाचन वर्धक

सामग्री

खड़ा धनिया	1 tsp	जीरा	1 tsp
सौंफ	1 tsp		

विधि: धनिये के बीज, जीरा और सौंफ को रात भर एक गिलास पानी में भिगो दें। गर्मियों में पाचन शक्ति बढ़ाने के लिए आवश्यकता पड़ने पर सुबह इस पानी को पियें।

मसालेदार टॉफ़ी (खांसी और गले में खराश के लिए)

सामग्री

अदरक	2 इंच	गाय का घी	1 tsp
गुड़	10 g	काली मिर्च	10

विधि: अदरक और काली मिर्च को मूसल से कूट लें। गुड़ और गाय का घी मिलाएँ। सारी सामग्री मिलाकर 3 मिनट तक पकाएँ। गले में खराश के लिए दिन में 2 बार टॉफी के रूप में लें।

मेथी का पानी

सामग्री

मेथी दाना: 1 tsp

विधि: मेथी के दानों को रात भर पानी में भिगो दें। इस मेथी के पानी को सुबह खाली पेट पियें। मधुमेह को नियंत्रित करने के लिए ऐसा हर दिन कर।

लेखिका के बारे में

फार्मेसी में मास्टर डिग्री के साथ, लेखिका ला फॉनसिएर एक शोध वैज्ञानिक और पंजीकृत फार्मासिस्ट हैं। उन्होंने फार्मास्युटिकल टेक्नोलॉजी में विशेषज्ञता हासिल की है और फार्मास्युटिकल रिसर्च एंड डेवलपमेंट डिपार्टमेंट में रिसर्च साइंटिस्ट के रूप में काम किया है। वह एक हेल्थ ब्लॉगर और डांस आर्टिस्ट हैं। उनकी पिछली किताबों में ईट टू प्रिवेंट एंड कंट्रोल डिजीज, सीक्रेट ऑफ हेल्दी हेयर, और ईट सो व्हाट! श्रृंखला शामिल हैं। एक शोध वैज्ञानिक होने के नाते उन्होंने दवाओं के साथ करीब से काम किया है और अपने अनुभव के आधार पर उनका मानना है कि पौष्टिक शाकाहारी भोजन और स्वस्थ जीवनशैली से अधिकांश बीमारियों को रोका जा सकता है।

ला फॉनसिएर की अन्य किताबें

हिंदी संस्करण

ला फॉनसिएर से जुड़ें

Instagram: @la_fonceur | @eatsowhatblog

Twitter: @la_fonceur

Facebook: LaFonceur | eatsowhat

BookBub: @eatsowhat

ला फॉनसिएर पुस्तकों पर विशेष ऑफ़र प्राप्त करने के लिए साइन अप करें:

वेबसाइट: www.lafonceur.com/sign-up

ब्लॉग: www.eatsowhat.com

www.ingramcontent.com/pod-product-compliance
Lightning Source LLC
LaVergne TN
LVHW071354071026
849558LV00074B/470
* 9 7 8 9 3 3 4 0 6 4 7 2 8 *